AF253069

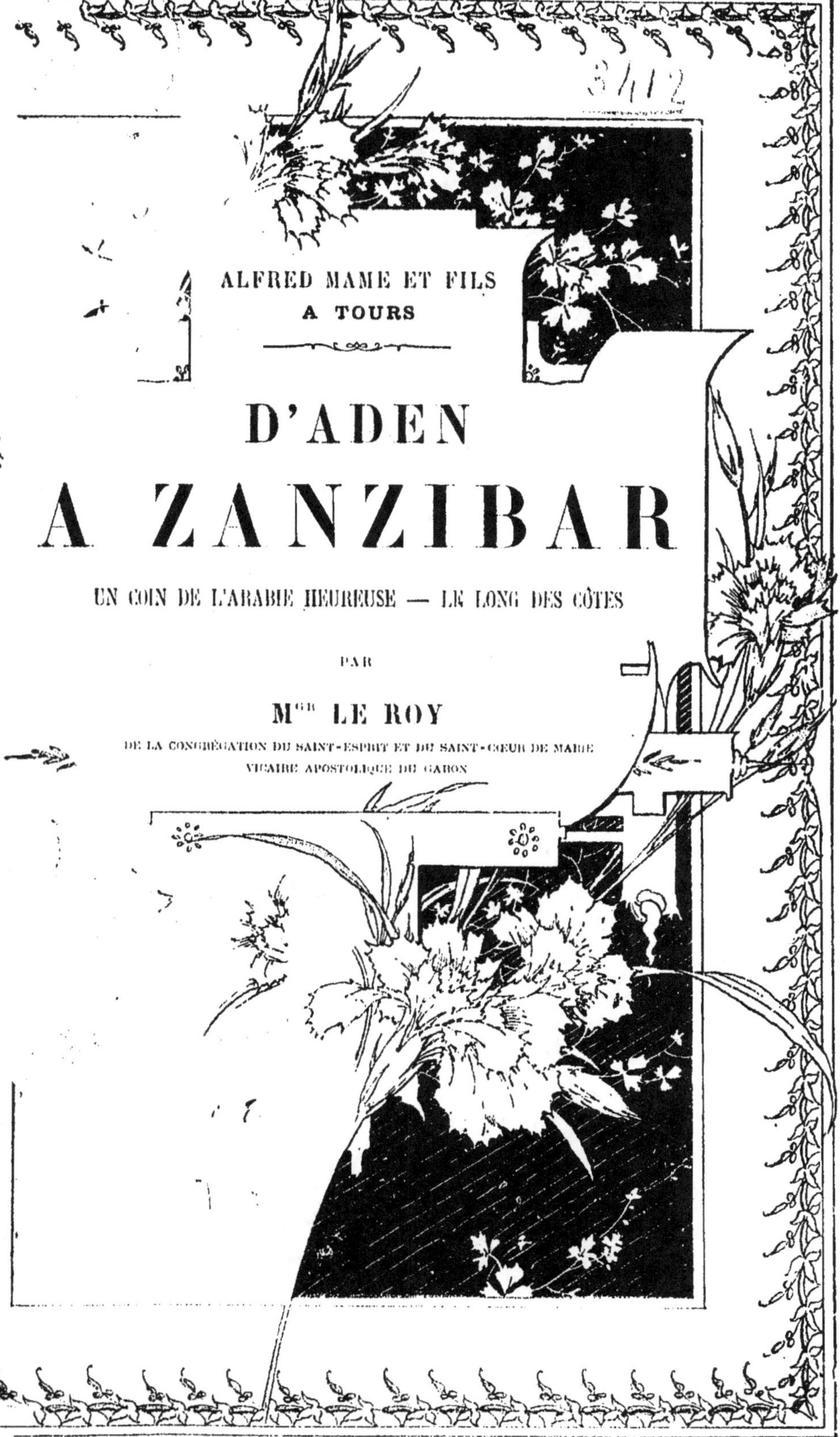

ALFRED MAME ET FILS
A TOURS

D'ADEN
A ZANZIBAR

UN COIN DE L'ARABIE HEUREUSE — LE LONG DES CÔTES

PAR

Mgr LE ROY

DE LA CONGRÉGATION DU SAINT-ESPRIT ET DU SAINT-CŒUR DE MARIE
VICAIRE APOSTOLIQUE DU GABON

D'ADEN

A ZANZIBAR

1re SÉRIE GRAND IN-8º

Vanga : le débarquement.

D'ADEN

A ZANZIBAR

UN COIN DE L'ARABIE HEUREUSE

LE LONG DES CÔTES

PAR

Mgr LE ROY

DE LA CONGRÉGATION DU SAINT-ESPRIT ET DU SAINT-CŒUR DE MARIE
VICAIRE APOSTOLIQUE DU GABON

TOURS

ALFRED MAME ET FILS, ÉDITEURS

M DCCC XCIV

PRÉFACE

La publication récente, dans les *Missions catholiques,* des deux importantes relations qui composent le nouvel ouvrage de Mgr Le Roy que nous offrons aujourd'hui au lecteur, a obtenu un tel succès que ceux-là même qui ont suivi pas à pas, au jour le jour, ces pittoresques récits, seront heureux de les retrouver au complet, avec les gravures qui leur donnent un si vif intérêt et dont les dessins suffiraient à faire la réputation de leur auteur, s'il n'était déjà, aux yeux de tous ceux qui l'ont lu une seule fois, un écrivain consommé doublé d'un observateur profond.

Dans les pages qui suivent, le lecteur trouvera à satisfaire sa curiosité si naturelle pour cette terre d'Afrique, encore si imparfaitement connue, et qui provoquera longtemps les investigations du monde civilisé.

Il y aurait un beau livre à faire sur les vaillants explorateurs qui ont, pour ainsi dire, conquis un monde au prix de tant d'efforts; et si la gloire de ceux qui reviennent nous exporter les résultats de leurs travaux et la moisson de leurs peines est grande, nous devons garder éternellement dans nos cœurs le souvenir sacré de ceux qui ne sont pas revenus, car ils sont tous les martyrs d'une idée sainte, celle qui les pousse à porter la lumière de la vérité et du progrès dans l'âme déshéritée de tant de peuples barbares.

Il nous semble qu'on ne saurait faire à ce livre une meilleure préface que de parcourir la liste triomphante de tous ces bons citoyens qui ont été les pionniers de la civilisation dans ces merveilleuses ou redoutables contrées, dont chaque jour le monde civilisé arrache quelques lambeaux au pouvoir maudit de l'esclavage ou de la barbarie.

Le premier d'entre eux, dans ce siècle, c'est René Caillié. Sans appui, sans subsides, sans avoir reçu cet avantage moral que donne une bonne éducation, il a accompli, grâce à la seule force de sa volonté, grâce à un courage indomptable, le plus merveilleux voyage qui ait encore été fait dans l'intérieur de l'Afrique; et c'est lui qui, le premier des Européens, a réussi à apporter à l'ancien monde des renseignements précis sur Tombouctou. C'était en 1828.

En 1859, Henri Duveyrier se propose de parcourir dans toute leur étendue le Sahara algérien et le Sahara marocain. C'est à lui qu'on doit la connaissance de ces tribus de Touaregs, vivant de brigandages, et l'exploration du chott Melghigh.

Un de ses nobles continuateurs, Paul Soleillet, dont la science déplore la mort, parvint à se faire des alliances parmi les personnages les plus importants de la race arabe des Berbères et des tribus du Sahara central. Il traverse d'abord Laghouat, les pays des M'zabites, Ouargla. Ses voyages à Ségou, dans l'Adrar, à Médine, le désignent comme un de ces triomphateurs de l'inconnu que la mort seule arrête.

Largeau se rend à Ghadamès, qui se trouve sur la route des caravanes allant de Tombouctou à Tunis, et pénètre dans le Soudan. Après avoir donné des preuves d'un courage héroïque, il est obligé de renoncer à la mission qu'il s'était donnée parce que les sommes souscrites pour venir à son aide sont insuffisantes.

En 1873, Dournaux-Dupéré a l'idée de créer une route commerciale traversant le Sahara et mettant en communication l'Algérie avec notre colonie du Sénégal. Il est assassiné par les

Touaregs, avec lesquels il venait de partager ses vivres et son eau.

Le capitaine Roudaire conçoit le gigantesque projet de transformer l'inutile désert en mer bienfaisante, mais il s'agit avant tout de déterminer la région à inonder. Pour comprendre l'immensité et le mérite du travail accompli par ce brillant officier, il faut se transporter en imagination près de lui. Toujours debout et attentif, il commence à niveler, de grand matin, par ce froid du désert, bien plus insupportable qu'on ne croit; il poursuit son travail à travers la chaleur du jour, parfois brûlante; il ne cesse, dans la fraîcheur du soir, que lorsqu'il ne peut plus lire son niveau; il a cheminé bien des fois près de ces sables mouvants, si traîtres et si dangereux; il a eu souvent le soleil sur la tête et les pieds dans l'eau, cette eau saumâtre qu'il sait être malsaine, et dont les fièvres qu'elle exhale sont parfois mortelles.

En 1873, Marche et le marquis de Compiègne résolurent d'aller visiter le cours d'un fleuve dont l'existence avait été signalée par du Chaillu. Sur les bords de ce fleuve, près des chutes de Bôoué, la tribu des Osyebas escorte les deux voyageurs à coups de fusil pendant plus de quarante milles.

Marche survit à tous ces dangers, mais le marquis de Compiègne mourut quelque temps après.

Nous pourrions citer encore, dans l'Afrique occidentale, Savorgnan de Brazza et son exploration de l'Ogôoué, Charles Girard, Bonnat, ses voyages et sa captivité chez les Achantis; Brun et son expédition à la Côte d'Or, le docteur Bayol et Noirot et leur exploration du haut Soudan, Olivier de Sanderval et ses aventures dans le Foutah-Djallon, Antichan et son voyage dans l'archipel Bissagos; et enfin, dans l'Afrique orientale, Guillaume Lejean, qui visite le négus Théodoros, Linant de Bellefonds, qui traite avec le roi M'tesa, Achille Raffray, qui parcourt l'Abyssinie, Pierre Arnoux, qui visite le royaume du Choa, Denis de Rivoyre, qui suit Soleillet à Obock, l'abbé

Debaize, qui meurt sur le lac Tanganyika, et Georges Revoil, dont le nom revient dans ce livre chaque fois qu'il est question du pays des Çomalis.

C'est presque au courant de la plume que nous faisons cette revue, car nous avons hâte d'arriver à l'auteur qui a rendu avec tant de fidélité et sous une forme si vivante les impressions ressenties dans les pays lointains où il a longtemps vécu.

Quelques notes d'histoire rétrospective ne seront pas inutiles dans un avant-propos d'une œuvre de Mgr Le Roy.

Il y a trente-trois ans aujourd'hui que paraissait en rade de Zanzibar M. l'abbé Favre, actuellement évêque de Grenoble et alors vicaire général de Mgr Maupoint, évêque de Saint-Denis de la Réunion. Il était accompagné de deux prêtres, MM. Iégo et Schimph, de six religieuses de la congrégation des Filles de Marie et d'un chirurgien de la marine française, M. Abel Semanne. Les missionnaires descendirent en ville le 22 décembre 1860, achetèrent une vaste maison, et le 25 décembre on put y célébrer la messe de minuit.

C'était, depuis le commencement du xviiᵉ siècle, date de la retraite des Portugais, la première fois que des ambassadeurs de la chrétienté prenaient possession de cette terre de Zanzibar.

À la suite d'un rapport de M. l'abbé Fava, la mission fut érigée en préfecture apostolique et placée sous la juridiction de Mgr Maupoint.

Peu après, le père Horner, aumônier de la léproserie de l'île Bourbon, fut mis à la tête de la mission; mais Mgr Maupoint conserva jusqu'à sa mort, survenue en août 1872, le titre de préfet apostolique.

Par décret du 9 septembre de la même année, la Propagande conférait ce titre au T. R. Père Schwindenhammer, qui nomma vice-préfet le R. P. Horner et, après lui, le R. P. Baur.

Enfin, la préfecture fut érigée en vicariat, et par décret du 23 novembre 1885 Mgr Raoul de Courmont, évêque de Bodona, était nommé vicaire apostolique du Zanguebar.

Pendant les vingt-cinq premières années de son existence, la mission n'a pas fait tout ce qu'elle aurait voulu.

Les causes principales qui ont contrarié ses efforts sont connues. La première est le terrain même sur lequel elle opère : Zanzibar est soumis à une autorité musulmane; et, quoique dans les États du sultan il y ait beaucoup de tribus païennes, on regarde un peu partout, d'instinct, la religion chrétienne comme une étrangère que le souverain ne recommande pas.

Ensuite, la mission est née et a grandi dans des difficultés considérables, et, avant d'acquitter les dettes nécessitées pour sa fondation, il était difficile de se porter en avant.

De plus, cette partie de l'Afrique, inconnue des nôtres, n'était exploitée que par les Arabes, qui y faisaient d'horribles razzias d'esclaves et qui rendaient extrêmement difficile l'entrée du continent mystérieux.

Enfin, la mort et la maladie des missionnaires, l'ignorance de la langue indigène, l'incertitude des premiers pas sont autant de causes qu'il faut ajouter aux premières et qui ont dû paralyser en partie les efforts généreux des premiers ouvriers envoyés dans ce champ si complètement inculte.

Aujourd'hui, cette partie de l'Afrique est ouverte à l'Europe. Et par cette porte qui s'appelle Bagamoyo, sur le seuil de laquelle la mission est assise depuis longtemps, et d'où elle fait savoir à beaucoup d'indigènes des tribus les plus reculées de l'intérieur que les blancs n'y sont pas venus pour manger les noirs; par cette porte enfin ont passé beaucoup d'étrangers, depuis Livingstone, Burton, Speke, Grant, Cameron, Stanley, Giraud, jusqu'aux légionnaires de l'invincible vérité, les messagers de la bonne nouvelle.

Mgr Le Roy a été le collaborateur le plus cher de Mgr Raoul de Courmont, et ce lien filial explique les détails qui précèdent sur la genèse de la mission.

Son œuvre de missionnaire est considérable, et de toutes les régions où il a apporté la bonne parole, les journaux des missions catholiques ont reçu de lui les plus intéressantes communications.

D'Aden à Zanzibar représente l'ensemble de deux journaux de voyages de Mgr Le Roy.

Il faudra peu de temps au lecteur pour apprécier la valeur de ce livre, où le voyageur, le philosophe, l'artiste, le prêtre apparaissent tour à tour pour charmer, distraire, instruire et définitivement conquérir les plus indifférents.

Mgr Le Roy n'est pas seulement un écrivain de premier ordre, un érudit qui ne laisse passer aucune question d'histoire sans l'éclairer merveilleusement, c'est encore un humoriste qui ne croit pas que le sourire soit l'ennemi de l'homme; c'est enfin un artiste qui a illustré ses récits avec un talent charmant et souple que lui envieront bien des professionnels.

Et de toutes ces vertus, de toutes ces qualités, de tous ces dons est né un ouvrage qui se gravera de lui-même dans l'esprit et dans le cœur, et qui sera plus souvent dans les mains du lecteur que sur le rayon d'une bibliothèque.

UN COIN DE L'ARABIE HEUREUSE

D'ADEN

A ZANZIBAR

I

Aden. — Position géographique. — Géologie, faune et flore. — Les premiers habitants. — Les temps anciens : de Sésostris à Hérodote. — Les Arabes, Mahomet et l'Islamisme. — Relations de l'Europe chrétienne avec l'Orient.

Parmi les ports de mer où les plaisirs et les affaires amènent un perpétuel courant d'étrangers, nulle ville peut-être, dans le monde entier, n'a vu et ne voit aujourd'hui passer plus de « messagers de la bonne nouvelle » que le port et la ville d'Aden, en Arabie.

Située comme au point de jonction des trois parties de l'ancien monde, entre l'Europe, l'Asie et l'Afrique, Aden est, pour ainsi dire, la seule porte par où sortent les missionnaires lorsqu'ils abandonnent les pays éclairés par l'Évangile pour entrer dans ceux que les ténèbres du paganisme couvrent encore : l'Arabie, l'Inde, la Birmanie, le Thibet, la Malaisie, le Tonkin, la Chine, la Corée, la Mandchourie, le Japon, l'Océanie, et tout le versant oriental de cette mystérieuse terre d'Afrique, l'Abyssinie et le pays galla, Madagascar et les Grands Lacs, le Zambèze et le Zanguebar.

A ce titre seul, et en faisant abstraction de l'intérêt grandissant tous les jours qui s'attache aux contrées baignées par la mer Rouge, Aden mérite une étude particulière. Et puisque, plusieurs fois déjà, j'ai dû y passer et y séjourner, je serais heureux si les notes que j'ai eu occasion de recueillir sur ce point célèbre pouvaient intéresser les nombreux amis des missions et des missionnaires.

Dans un ouvrage remarquable[1], écrit par ordre des rois de Portugal et assez rare aujourd'hui, le P. Mafei, de la compagnie de Jésus, donnait en 1590 cette description d'Aden :

« La ville est d'un bel aspect. Beaucoup d'édifices. Beaucoup d'habitants. Ce n'est pas toutefois

---

[1] *Historiarum Indicarum libri* xvi. Coloniæ Agrippinæ. A MDXC.

la nature de son sol (tout y est importé), mais c'est sa position favorable qui lui a valu cette importance. Baignée presque de tous côtés par la mer, comme une péninsule, et reliée par un isthme au continent, une abrupte montagne la domine. Elle est, en outre, bien défendue par une enceinte de forts et de murailles. »

Il y a trois siècles que cette description est écrite : elle est encore juste.

Quand, après avoir passé le détroit de Bab-el-Mandeb, la *Porte des larmes*, on arrive pour la première fois devant ces inaccessibles rochers nus, on ne peut d'abord retenir l'expression de son étonnement. Le matin, le soleil encore caché envoie dans le ciel pur et profond d'Arabie des lueurs qui retombent en reflets orangés sur ces flancs abrupts, sur ces vallées profondes, sur ces pics élancés, les colorant de mille nuances et variant d'admirables effets. On regarde, on attend. Tout à coup, le globe étincelant de l'astre paraît, comme si, d'un bond, il s'était élancé au-dessus de l'horizon. Et presque aussitôt, sans transition marquée, la lumière ruisselle sur toute cette nature sauvage : le ciel perd les teintes adoucies de l'aurore, les vagues de la mer étincellent, le sable du désert paraît danser, et là, devant vous, les montagnes se dressent, désertes, affreuses, et déchirant de leur profil fantastique l'horizon enflammé. On dirait des masses liquides, qui, sorties d'une fournaise énorme et lancées vers le ciel, ont été saisies par un froid subit et coagulées dans leur forme première. Pas un brin d'herbe : rien que de la lave, du soleil et du feu.

Comme on vient de le dire et comme tout le monde le sait, Aden est située dans cette partie de l'Arabie qui porte le nom d'Yémen ou Heureuse, en face de la cité africaine d'Adel, à l'entrée de la mer Rouge, et sur l'océan Indien.

La rade est formée par deux péninsules, deux massifs de montagnes reliés à la terre ferme par des langues de terre très basses et en partie inondées par la marée haute : Djebel Ishan à l'ouest, et Djebel Shem-Shem à l'est. Le plus haut sommet de ce dernier s'élève à mille sept cent septante-six pieds anglais au-dessus du niveau de la mer.

Au point de vue géologique, les roches des péninsules, et particulièrement de Shem-Shem, des deux la plus importante, sont formées d'une lave qui prend diverses couleurs, brune, grise, noire, même verte, et qui ressemble ici à des éponges, là à des scories, qui, ailleurs, est très compacte. La nature de cette lave est le plus souvent schisteuse; mais on trouve aussi des tufs, de la pierre ponce et, quoique en très petite quantité, de l'obsidienne, du gypse et de la calcédoine.

Sur un pareil sol, où l'on ne rencontre que quelques poignées de terre végétale et où le ciel ne laisse tomber de l'eau qu'une fois tous les cinq, six et sept ans, sur ce sol, on le conçoit sans peine, la flore n'est pas riche; et celui qui ne fait que passer à Aden emporte assez facilement l'impression que, dans toutes les possessions de Sa Majesté britannique en Arabie, il n'y a pas de quoi nourrir une chèvre. Les botanistes cependant, d'après le major Hunter, ont trouvé, là et dans les environs, quatre-vingt-quatorze espèces de plantes, mais toutes plus ou moins rabougries, disproportionnées et offrant des particularités singulières qu'on ne retrouve nulle part ailleurs. C'est au reste la végétation du désert. Chose curieuse, sur ces quatre-vingt-quatorze espèces, soixante sont épineuses.

La faune d'Aden est pauvre aussi : peu d'insectes, peu d'oiseaux. On trouve cependant douze ou quatorze espèces de papillons, dont quelques nocturnes, le sphinx, par exemple, dont la larve se nourrit des euphorbiacées qui croissent péniblement dans les ravins. Les coléoptères sont mal représentés. De temps à autre, des sauterelles s'égarent jusque-là, des mantes, des fourmis, des scorpions, la mouche ichneumon, l'inévitable mouche domestique, et le non moins inévitable moustique.

Au-dessus des montagnes, dans la rade, partout, de nombreux milans décrivent en l'air leurs perpétuels circuits. Et quand une proie s'offre à eux, dans les rochers, en ville, sur la route, sur la plage, dans le port, on les voit s'abattre par bandes, en criant et en se battant, pour se la partager avec les corbeaux et les mouettes. Lors de mon premier passage à Aden, deux voyageurs étant morts en mer la nuit qui suivit le départ, le commandant, pour répondre au désir de leurs familles qui étaient là, voulut bien rentrer à Steamer-Point pour que leurs restes fussent inhumés en terre sainte. A peine le bâtiment fut-il dans le port que, sentant le cadavre, des centaines d'oiseaux de proie s'abattirent sur nous, tournant autour du navire, jetant des cris discordants, féroces, suivant les embarcations qui transportaient à terre les restes des malheureux passagers, et semblant réclamer avec colère une proie qu'on leur enlevait. Les femmes et les enfants des défunts étaient là, qui pleuraient. C'était navrant !

La mer qui baigne la presqu'île renferme des coquillages assez intéressants. Sur les rochers on trouve des huîtres ; mais la chair en est peu délicate et peu abondante. Des requins viennent jusque dans le port, et au large on aperçoit quelquefois des baleines.

Il y a deux espèces de serpents et deux de lézards.

Par ailleurs, on rencontre, en fait d'animaux sauvages, quelques chacals, quelques hyènes, des rats et des souris, et, de temps à autre, des singes cynocéphales qui viennent gambader dans les rochers et voler tout ce qui se trouve à leur portée.

Les animaux domestiques sont le chat, le chien, un petit âne très sobre, très vigoureux, très remuant, le cheval arabe, et, le plus utile de tous en ces pays de sable et de soleil, le chameau.

Aden et Éden; le tombeau de Caïn. — Arrivons à l'homme. L'histoire humaine d'Aden ne date pas d'hier. D'après une tradition, laquelle, d'ailleurs, est aussi respectable que beaucoup d'autres, les premiers habitants d'Aden furent Adam et Ève, ni plus, ni moins. Sans doute, il est assez difficile d'établir scientifiquement la chose, faute de documents... Mais, si un jour Aden s'est appelé Éden, on ne peut disconvenir que l'aspect du paradis terrestre a beaucoup changé et que le berceau de la famille humaine est devenu bien dur!

Adam, selon la tradition juive continuée par la

tradition chrétienne, fut enterré à Jérusalem, sur le Calvaire; et les Arabes vénèrent près de la Mecque le tombeau d'Ève, notre commune et malheureuse mère.

Exilés du paradis, nos premiers parents eurent ensuite la douleur de perdre Abel, qui fut le premier mort, et Caïn, qui fut le premier assassin. Or :

> Lorsque avec ses enfants vêtus de peaux de bêtes,
> Échevelé, livide, au milieu des tempêtes,
> Caïn se fut enfui de devant Jéhovah,
> Comme le soir tombait, l'homme sombre arriva
> Au bas d'une montagne en une grande plaine.
> Sa femme fatiguée et ses fils hors d'haleine
> Lui dirent : « Couchons-nous sur la terre, et dormons. »
> Caïn, ne dormant pas, songeait au pied des monts.
> Ayant levé la tête, au fond des cieux funèbres,
> Il vit un œil tout grand ouvert dans les ténèbres
> Et qui le regardait dans l'ombre fixement.
> « Je suis trop près, » dit-il avec un tremblement.
> Il réveilla ses fils dormant, sa femme lasse,
> Et se remit à fuir, sinistre, dans l'espace...

Mais partout, sur la grève d'Assur et sous la tente de Jabel, et derrière le mur de bronze de Jubal, et dans l'enceinte de tours de Hénoch, et au centre de la ville de Tubalcaïn, le regard de Dieu suivait le maudit.

> Et lui restait lugubre et hagard. « O mon père!
> L'œil a-t-il disparu? » dit en tremblant Tsilla.

Et Caïn répondit : « Non. Il est toujours là. »
Alors il dit : « Je veux habiter sous la terre,
Comme dans son sépulcre un homme solitaire ;
Rien ne me verra plus, je ne verrai plus rien. »
On fit donc une fosse et Caïn dit : « C'est bien ! »
Puis il descendit seul sous cette voûte sombre.
Quand il se fut assis sur sa chaise, dans l'ombre,
Et qu'on eut sur son front fermé le souterrain,
L'œil était dans la tombe et regardait Caïn.

(V. Hugo.)

Caïn resta donc là, et l'on dit que *là*, c'est Aden. Aujourd'hui encore, les Arabes montrent, dans les rochers de Shem-Shem, l'endroit où fut enfermé le corps de « l'aïeul farouche ». Mais personne n'y a vu ses ossements...

Aden et le prophète Ezéchiel. — Quoi qu'il en soit, le nom d'Aden ou d'Éden (en arabe comme en hébreu l'orthographe permet de lire l'un comme l'autre) se retrouve dans Ézéchiel [1].

Le prophète annonce la chute de Tyr :

« O Tyr, tu as dit : « Je suis d'une beauté sans « égale ; mon siège est au cœur de la mer... » Et Ézéchiel énumère ensuite, dans un ordre géographique remarquable, les pays et les villes avec lesquels la cité menacée était en relations commer-

---

[1] Chap. xvii, v. 23.

ciales ou politiques : les contrées limitrophes, le Liban, Sidon, l'Égypte, la Perse, la Lydie, la Lybie, puis Carthage, l'Espagne (sous le nom de Thubal), l'Italie, la Grèce, Rhodes ou Dédan, la Syrie, Juda, passent tour à tour dans l'esprit et sous la plume du prophète. Puis, continuant sa revue des pays et des peuples vers lesquels Tyr envoie ses vaisseaux et d'où elle retire « l'ivoire, l'ébène et les aromates », il passe en Arabie, et il dit : « L'Arabie et tous les princes de Cédar furent aussi les marchands de ta mer [1]... Ils furent tes marchands, les habitants de Saba et de Reema (villes de l'Yémen, disent les commentateurs)... Ils vinrent à toi avec les *aromates* de premier choix, avec les *pierres précieuses,* avec l'*or* [2]. Ils furent tes marchands, les habitants de Haran et de Chene, et d'*Eden,* les habitants de Saba et d'Assur, et de Chelmad [3]. Ils furent tes marchands. Ils t'apportèrent des charges d'hyacinthe, des broderies, des meubles précieux soigneusement emballés et liés avec des cordes. Et ils trouvaient (en retour) des bois de cèdre sur ton marché [4]... Les vaisseaux, etc... »

Dans l'Éden ou l'Aden dont parle Ézéchiel, les commentateurs ne semblent pas généralement avoir

[1] V. 23. — [2] V. 22. — [3] V. 23. — [4] V. 24.

En vue de Djebel Ishan.

lu l'Aden d'Arabie, et ils mettent cette ville ignorée soit en Syrie, soit en Mésopotamie, soit quelque part ailleurs, un peu partout où ils trouvent une place libre.

Cependant, l'ordre géographique observé par l'écrivain sacré, qui parle d'abord des pays limitrophes de Tyr, passe ensuite à l'ouest jusqu'en Espagne et revient à l'est vers l'Arabie pour s'arrêter là; les vaisseaux dont il est question et qui ne pouvaient aller en Mésopotamie chercher les richesses indiquées; les articles de commerce, ivoire, aromates de premier choix, broderies, meubles précieux soigneusement emballés pour être transportés par mer, tous articles dont Aden a eu longtemps le monopole dans les temps anciens, d'après Ptolémée, Strabon et autres qui apporteront plus tard leur témoignage; enfin les villes ou les pays dont le nom est cité avec celui d'Éden et dont la position est ou bien ignorée des géographes ou fixée par eux dans l'Orient, dans l'Arabie heureuse, vers le golfe Persique, tout semble se réunir pour faire de l'Éden du prophète Ézéchiel l'Aden de la reine Victoria.

Une chose, en tous cas, est certaine : c'est que la ville d'Aden remonte à la plus haute antiquité. Peuplée sans doute, comme le pays qui l'avoisine,

par la famille de Kush, à laquelle plus tard des
enfants d'Ismaël unirent leur sang, ses habitants,
avant l'apparition de Mahomet, comptaient peu
dans l'histoire. Mais, de tout temps, les Arabes
ont eu cet esprit aventureux et hardi qui devait leur
assurer dans la suite une si prodigieuse influence;
de tout temps, la passion du négoce les a poussés
hors de leur pays; de tout temps, profitant des
moussons qui soufflent dans l'océan Indien, ils ont
aimé à se lancer vers l'inconnu, sur ces grosses
embarcations que l'on appelle aujourd'hui des *daous*
ou des *boutres*, et dont la forme n'a pas varié depuis
des siècles. Par eux, l'Occident se trouvait mis en
rapport avec l'Orient, et ils ont alimenté successivement les marchés des Pharaons et des Pto-
lémées, ceux des Phéniciens, des Grecs et des
Romains.

Quand donc Sésostris, au xviie siècle avant Jésus-
Christ, envoyait ses flottes vers les bouches du
Gange, après avoir soumis les provinces et les îles
de la mer Érythrée, les Arabes durent servir d'intermédiaires pour la réalisation des grands desseins
du monarque égyptien.

Et, plus tard, lorsque Salomon, en relations
avec la reine de Saba qui vivait dans ces parages,
faisait chercher l'or d'Ophir, les Tyriens s'unis-

ADEN

et les pays qui l'entourent. (*Les noms anciens sont entre parenthèses.*)

saient aux fils de Kush et d'Ismaël pour procurer au roi de Jérusalem les trésors qu'il demandait [1].

Homère est poète avant d'être historien ou géographe. Mais s'il représente Ménélas [2] naviguant sur le golfe Arabique et s'il nomme une partie des peuples qui habitaient le long des côtes, c'est que, de son temps, le golfe Arabique n'était pas inconnu.

Au ive siècle avant Jésus-Christ, Alexandre le Grand, qui comprenait l'importance de ces points déjà célèbres, y envoya Néarque, et, avec celui-ci, des Grecs s'établirent à Dioscoride ou Sokotra. Par suite de la mort prématurée du conquérant, la colonie n'eut jamais beaucoup d'importance; mais, plusieurs siècles après (vers 519 après Jésus-Christ), un écrivain d'Alexandrie, qui de commerçant devint voyageur et qui de voyageur se fit moine, Cosmas Indicopleustès, visita ces pays, et il rapporte dans sa *Topographie chrétienne* qu'il y avait alors à Dioscoride et en Arabie beaucoup d'églises, des fidèles, des prêtres, des évêques.

Dans ses *Histoires*, Hérodote (456 avant Jésus-Christ), qui du reste ne s'est pas proposé d'exposer l'état des connaissances géographiques à son époque,

---

[1] Hérod., Diod. Sic.; *Lib. III Reg.*
[2] *Odyssée*, l. IV.

ne parle ni d'Aden ni des pays environnants. Mais ce qu'il dit de la circumnavigation de l'Afrique entreprise par Néchos, roi d'Égypte, montre, du moins, que la mer Rouge et l'océan Indien étaient dès lors fréquentés. « La Lybie (ou Afrique), écrit le *Père de l'Histoire*, est environnée de la mer, excepté du côté où elle confine à l'Asie. Néchos, roi d'Égypte, est le premier, que nous sachions, qui l'ait démontré. Lorsqu'il eut fait cesser de creuser le canal qui devait conduire les eaux du Nil au golfe Arabique, il fit partir des Phéniciens sur des vaisseaux (ils s'embarquèrent à Klisma, près de Suez) avec ordre d'entrer à leur retour, par les colonnes d'Hercule, dans la mer septentrionale, et de revenir de cette manière en Égypte... Ils racontèrent à leur arrivée qu'en faisant voile autour de la Lybie, ils avaient eu le soleil à leur droite. Ce fait ne me paraît nullement croyable; mais peut-être le paraîtra-t-il à quelque autre. C'est ainsi que la Lybie a été connue pour la première fois. » Le voyage avait duré trois ans.

Alexandrie était au reste bien placée pour avoir des nouvelles d'Orient. Longtemps avant Cosmas, un bibliothécaire de cette ville, Agatharchides (150 avant Jésus-Christ), voyant sa patrie inondée de richesses orientales, faisait du pays des Sabéens

(Arabie heureuse) une description enthousiaste et donnait, comme produits de l'Yémen, la myrrhe, l'encens, la casse, la cannelle, tous les aromates et toutes les épices. C'est que ces produits si recherchés étaient concentrés à Aden, nommé dès lors et depuis longtemps Ἀραβίας ἐμπορίον, *Entrepôt de l'Arabie.*

Le livre de *Job,* le premier peut-être qui ait été écrit, vient à son tour confirmer toutes ces preuves, et c'est la remarque que fait M. Maupied dans son *Essai sur l'origine des peuples anciens.* L'or d'Ophir, l'onyx et le saphir, le cristal, l'émeraude, le corail et le béryl, les perles de la mer, la topaze d'Éthiopie, les tissus les plus précieux, les meubles admirablement fouillés qu'on trouve encore aujourd'hui dans l'Inde, les épices, les aromates, la myrrhe, l'encens, l'ivoire, l'ébène, alimentaient le commerce de tous ces peuples d'autrefois, et, par les Arabes, ces articles, très recherchés, étaient dispersés dans toutes les parties du monde alors civilisé.

Au reste, les expéditions maritimes dont il a été parlé ne se réduisaient pas à de simples incursions; elles avaient pour objet des conquêtes, des établissements sur les côtes, des colonies. Indépendamment du témoignage des historiens, ces rapports assidus entre l'Occident et l'Orient sont attestés par des monuments, des inscriptions, des médailles. « Dans les environs de Nellour (présidence de Madras), dit W. Jones [1], on a découvert, parmi les restes d'un petit temple hindou, un vase rempli de monnaies et de médailles romaines du IIe siècle de notre ère; il y en avait de Trajan, d'Adrien et de Faustine. » Le P. Pavone, de la mission du Mayssour, a trouvé dans la rivière de Cavéri une médaille de l'empereur Claude [2]. Et dernièrement, M. Georges Revoil, l'explorateur connu et apprécié des pays çomalis, a découvert, au cap Guardafui, en face d'Aden, dans les ruines d'une ancienne ville, des poteries assez bien conservées et dont la forme et les dessins indiquaient assez l'origine grecque.

A cette époque, Alexandrie, avec son phare célèbre, ses palais, ses temples, ses académies, ses obélisques, sa bibliothèque de sept cent mille rouleaux et sa population de neuf cent mille hommes, était l'une des premières villes du monde. Mais déjà la puissance romaine, comme une marée montante, s'était au loin répandue, et l'Égypte se trouvait sous le gouvernement d'un proconsul, si fière qu'elle fût. Alexandrie devait donc prélever sur ses richesses pour fournir à Rome ce que Rome exigeait.

[1] *Recherches asiatiques*, t. XI.
[2] M. Maupied.

C'était beaucoup, mais c'était trop peu. Auguste, jaloux de voir entre les mains des Arabes un monopole qu'il enviait, dirigea contre eux l'expédition

Embarcations sur le Nil.

d'OElius Gallus. Malheureusement celui-ci, trahi par Syllæus, ministre du roi de Pétra, essuya une déroute humiliante, et sa flotte fut dispersée dans la mer Rouge.

Sous Claude, de nouvelles tentatives furent faites, et la septième année de son règne les Romains, toujours jaloux d'une concurrence active, détruisirent en partie la ville d'Aden, à laquelle ils imposèrent le nom de *Romanum Emporium*.

Du reste, le temps était venu où ces mers, qui avaient déjà vu tant de boutres arabes et hindous, allaient être sillonnées par des Européens. Un affranchi d'Annius Plocamus, chargé de percevoir, pour le compte de Rome, les revenus de l'Oman, ayant été surpris par les moussons et chassé vers Taprobane (Ceylan), revint vers Claude avec une ambassade du roi de cette île. Ce que l'affranchi de Plocamus avait fait par hasard, un marchand d'Alexandrie voulut le faire de propos délibéré, et, sans astrolabe ni boussole, se fiant à son génie et s'abandonnant à la mousson, il s'élança sur l'océan Indien. Les vents le conduisirent à Ceylan; les vents le ramenèrent en Arabie. Et les Grecs-Romains, reconnaissants, donnèrent à la mousson d'été ou du sud-ouest le nom de l'heureux et hardi navigateur, le nom d'Hippale.

Ces détails sont fournis par Ptolémée d'Alexandrie, qui vivait sous le règne d'Hadrien. Le *périple de la mer Érythrée* (198-210) les confirme à son tour, en y ajoutant des données intéressantes,

quoique assez confuses, sur la côte orientale d'A-
frique.

L'*auri sacra fames* paraît avoir été jusqu'à présent
le principal mobile qui a poussé vers l'Orient les
peuples de l'Europe. Mais aux marchands et aux
soldats d'autres voyageurs vont maintenant s'unir,
ou, pour parler plus exactement, puisque nous
sommes déjà au règne de Claude, d'autres voyageurs
se sont unis. Celui que, depuis longtemps, ces
peuples attendaient, le Messie, est né, il est mort
et il est ressuscité.

Donc, au lendemain de la Pentecôte, les apôtres
s'étaient partagé le monde pour y répandre la religion dont leur Maître leur avait laissé le dépôt;
l'Orient ne fut point excepté. Dans l'un de ses
remarquables ouvrages [1], M. Huc cite un fragment
de l'*Histoire des combats apostoliques*, d'Abdias,
dont le témoignage, s'il ne mérite pas une confiance
absolue dans les détails, peut au moins être admis
dans l'ensemble : il s'agit de l'apostolat de saint
Thomas dans les Indes. Je cite : « Comme Thomas
l'Apôtre était à Jérusalem, Notre-Seigneur lui apparut et lui dit : « Le roi de l'Inde Gondaphorus a
« envoyé son ministre Abban en Syrie afin de cher-

---

[1] *Le Christianisme en Chine, en Tartarie et au Thibet.*

« cher des hommes instruits dans l'art de l'archi-
« tecture. Va, et je t'enverrai à lui. » Et Thomas
dit : « Seigneur, envoyez-moi partout, hormis aux
« Indes. » Et Notre-Seigneur lui dit : « Va, car je
« veille sur toi... » Et Thomas dit : « Vous êtes
« mon Maître, et moi je suis votre serviteur : que
« votre volonté soit faite ! »

« L'Apôtre ayant donc rencontré Abban comme
celui-ci allait à travers le marché, les deux firent
connaissance et s'embarquèrent.

« Et Thomas convertit sur la route un grand
nombre d'infidèles, surtout à Aden, ville située à
l'entrée de la mer Rouge, où ils s'arrêtèrent quelque
temps. »

Plus tard, pendant que le saint Apôtre, débarqué
dans l'Inde comme architecte, ouvrait au roi Gondaphorus les portes d'un palais, celui du ciel, un
autre envoyé de Dieu, saint Barthélemy, prêchait
aussi dans l'Éthiopie et dans l'Arabie heureuse.

A cette époque, remarque avec raison M. Huc,
les hommes étaient beaucoup plus mêlés entre eux
qu'on ne le suppose communément; les relations
entre l'Orient et l'Occident étaient fréquentes; il y
avait alors plus d'énergie que de nos jours, on sup-
portait plus aisément les fatigues, on n'avait pas
tous ces besoins factices et souvent ridicules que la

mode, la mollesse et la vanité nous ont imposés, et
la vapeur n'était point nécessaire pour faire entre-
prendre de lointains et périlleux voyages. Il a déjà

Bâtiment phénicien.

été question d'une ambassade de Ceylan que reçut
l'empereur Claude. Avant lui Auguste avait vu les
envoyés de Porus, qui allèrent le trouver jusqu'en
Espagne, où il était alors. D'autres, auxquels s'étaient

joints ceux de Pandéon, le rencontrèrent à Samos, et un brahmane qui faisait partie de l'ambassade s'attacha à lui en qualité d'augure et de devin. Antonin le Pieux, Dioclétien, Maximien, Théodose, Héraclius, Justinien virent aussi des Hindous venir à eux, et ces relations se perpétuèrent jusqu'au viie siècle, époque où Mahomet mit entre l'Occident et l'Orient l'infranchissable barrière de son fanatisme.

On le comprend sans peine, si l'intérêt ou la curiosité suffisaient alors pour susciter tant de voyageurs, ceux auxquels parvenait l'écho de cette parole d'un Dieu : « Allez et enseignez, » ne devaient pas être moins ardents pour aller porter à d'autres l'enseignement qu'ils avaient reçu ; et plusieurs d'entre eux, qui n'étaient pas des moindres, abandonnaient volontairement toutes choses pour propager la vérité qu'un Dieu venait d'apporter aux hommes et dont personne n'avait été exclu. Pour eux, comme pour leurs maîtres, l'apostolat n'était point une œuvre simplement utile et surérogatoire, c'était un devoir et c'était un bonheur.

Pantène fut un de ces premiers missionnaires de l'Extrême-Orient. Sicilien d'origine et professeur à l'École d'Alexandrie, il embarqua pour les Indes en 189, où il fut plus tard suivi par Frumentius et par beaucoup d'autres.

Dès que la mousson s'élève, les boutres s'en vont. (P. 28.)

En ce même temps, on sait par saint Ambroise [1] que Museus était évêque d'Adulis, ville de la côte d'Abyssinie, et qui fait aujourd'hui partie des possessions françaises sur la mer Rouge. Pendant qu'il s'en allait dans l'Inde, l'évêque Théophile, natif de Diu et surnommé le *Moine noir* à cause de sa couleur, passait, lui, de l'Inde en Arabie, malgré l'opposition des Juifs, et fondait trois églises, l'une à Dafar, une autre à Ormuz et une autre à Aden. Malheureusement, plus tard Théophile adhéra à l'hérésie d'Arius et la sema parmi ses néophytes [2].

On était en l'an 325, époque à laquelle se tint le concile de Nicée. En 342, Constantin envoya de nouveau des missionnaires à Aden et en Arabie.

Mais déjà l'empire romain était arrivé à cette période de son existence où, pour les peuples comme pour les individus, il faut penser à mourir. Après une laborieuse enfance, un âge mûr fortifié par de grands travaux et de grandes vertus, une vieillesse passant vite à la décrépitude à travers le luxe et tous les vices que le luxe engendre, l'empire tombait en dissolution. De tous les points de l'horizon vers lesquels il avait établi son pouvoir ou étendu son influence, les hordes des barbares

[1] *De moribus Brachmanorum.*
[2] Huc, *Le Christianisme en Chine.*

se ruaient maintenant sur lui, et, comme des vautours font d'une proie qui vit encore mais qui ne se défend plus, chacune en emportait un lambeau. Peu à peu, les légions se repliaient des contrées lointaines vers le centre de l'empire, pauvre géant à l'agonie, dont le sang corrompu abandonne les membres pour se refouler vers les organes vitaux, jusqu'à ce que, enfin, le cœur cesse de battre et livre l'énorme cadavre à la curée de ses ennemis.

Les ennemis des Romains, c'étaient tous les peuples. L'empire ayant donc abandonné ses colonies l'une après l'autre pour essayer de sauver au moins la métropole, les chrétiens d'Abyssinie jetèrent les yeux sur l'Yémen et en firent alors la conquête.

Pendant septante-deux ans les choses allèrent ainsi : les Abyssins étaient maîtres de l'Arabie heureuse, mais le commerce était encore tout entier entre les mains des Persans. Chosroès II (590-628) trouva bientôt qu'il était anormal d'avoir le commerce d'un pays sans avoir le pays lui-même, et il envoya une armée contre les Abyssins. La bataille eut lieu près d'Aden : Masrouk, roi d'Abyssinie, y périt, et les Persans, maîtres de la ville et du pays qui l'entoure, le gouvernèrent par des vice-rois jusqu'à ce qu'un nouvel et terrible adversaire vînt le leur enlever.

A cette époque, on l'a déjà vu, les Arabes étaient connus depuis longtemps comme navigateurs, voyageurs et commerçants. La position de leur pays, autant que leur humeur, en avait fait les intermédiaires naturels entre l'Orient et l'Occident. Mais, divisés en plusieurs tribus, sans lien, sans intérêts communs, sans histoire, sans foi arrêtée, sans but à atteindre, ils étaient aussi sans influence politique comme sans renommée guerrière, lorsque parut Mahomet.

Comprenant tout ce qu'il pouvait faire avec cette race forte et fière qu'il dominait de son intelligence, cet épileptique de génie s'empara du ressort qui, dans l'homme et surtout dans l'Arabe, est le plus capable de faire opérer de grandes choses : il leur donna une religion. Car c'est une chose que l'histoire enseigne avec une suite, une persistance merveilleuse : un peuple sans croyance a toujours été un peuple sans puissance.

Cette religion qu'arrangea Mahomet moyennant les éléments dont il disposait : l'idolâtrie, le judaïsme et le christianisme, est, du reste, une religion étonnamment bien construite, eu égard au but que se proposait son fondateur et aux races qui devaient l'embrasser. Dans l'espèce humaine, on peut rencontrer et on rencontre des matérialistes, comme on y rencontre des albinos ; mais l'*homme* n'est pas albinos, et il n'est pas matérialiste. Si loin qu'il se trouve aujourd'hui du Paradis terrestre, le fils d'Adam a besoin de croire, et le fils de Sem, s'il est aussi fils d'Abraham, en a, si j'ose le dire, un triple besoin. Donc, l'homme voulant croire, Mahomet lui donna une foi ; l'Arabe ayant besoin d'offrir un aliment à son âme, Mahomet lui montra un Dieu unique, créateur de tout et maître de tout ; l'Arabe se sentant vivement attiré vers les jouissances matérielles, Mahomet ouvrit la porte à ses instincts ; l'Arabe aspirant à vivre et devant toujours être heureux de mourir, Mahomet lui fit un ciel où, s'il demeurait croyant, il trouverait infailliblement toutes délices, toute satisfaction, tout bonheur. Donner sur cette terre les jouissances que le corps et l'âme réclament, et au delà du tombeau, jouir encore, jouir toujours, qu'est-ce que l'homme qui se connaît peut avoir de plus agréable à proposer à l'homme ? Aussi, fier de sa foi, sûr de son salut, libre de sa morale, le musulman va droit en avant, ignorant les faiblesses ridicules du respect humain, méprisant tous nos progrès matériels et consciencieusement persuadé que sa religion le met au-dessus de tous les infidèles, noirs, jaunes ou blancs, qui couvrent le reste de la terre.

Ayant donc réuni tous ces tronçons épars, Mahomet en fit un peuple qu'il lança sur le monde. Il fallait croire ou mourir. Généralement on préférait croire, d'autant que la morale proposée rendait plus aisée l'adhésion au dogme. Et c'est pourquoi nous voyons aujourd'hui encore l'islamisme couvrir et stériliser tant et de si beaux pays, depuis l'Atlantique jusqu'au grand Océan, depuis Constantinople jusqu'au Cap. Mais les premières contrées qui tombèrent au pouvoir des disciples du prophète furent naturellement les plus rapprochées : l'Arabie, l'Yémen, Aden.

Jusque-là, les communications avaient été fréquentes entre l'Orient et l'Occident. Mais, à partir du jour où Mahomet dressa l'infranchissable digue de l'islamisme contre l'envahissement bienfaiteur de la civilisation chrétienne, les relations d'autrefois cessèrent pour ne reprendre qu'après plusieurs siècles.

Cependant l'Europe, envahie autrefois par les barbares, pillée, saccagée, se laissait peu à peu, elle aussi, conquérir par une influence religieuse, et, sous cette influence, les hordes indisciplinées des Goths, des Vandales et des Francs devenaient des peuples nouveaux. Ces sauvages, dont nous sommes les fils, avaient leurs qualités et leurs défauts; mais, en somme, on ne voit pas qu'ils aient été supérieurs ni aux Arabes, ni aux Persans, ni aux Turcs. Au reste, la tâche du christianisme était bien autre que celle de l'islam. Car pendant que Mahomet proposait, le cimeterre sous la gorge, une religion simple et commode, les papes, au nom de Jésus-Christ, prêchaient un dogme relevé et une morale sévère, sans avoir pour les faire accepter d'autres armes que celles de la persuasion et de la grâce. L'apôtre musulman tuait pour convertir, pour convertir l'apôtre chrétien se faisait tuer.

Bientôt les deux civilisations se trouvèrent en présence, et les chocs répétés que se portèrent ces deux grands corps furent terribles.

Il s'est trouvé des hommes, et des académies les ont couronnés, qui se sont reconnus assez forts pour écrire des volumes contre les croisades et contre les papes. S'il n'y avait pas eu de papes et s'il n'y avait pas eu de croisades, « nous serions aujourd'hui des Turcs, et nous ne serions pas des Francs. » La parole est du P. Lacordaire, qui a raison.

Cependant, vers le XIIe siècle, les communications recommencèrent, timides et cachées d'abord, comme des infiltrations latentes qui devaient plus tard aboutir à un immense courant, à une inondation. Pendant qu'on voyait des Mongols à Rome, à Paris, à Avignon, à Londres, à Barcelone et ailleurs, les *Francs,* comme on appelait alors les Européens, se trouvèrent transportés jusqu'aux extrémités de l'Asie pour s'acquitter des missions diplomatiques qui leur étaient confiées ou pour prêcher l'Évangile aux infidèles. C'est à cette époque que remontent les voyages du frère mineur Jean du Plan de Carpin, député par Innocent IV vers le Grand-Khan (1246); du cordelier Guillaume de Rubruquis, envoyé par saint Louis en Tartarie (1253); de Jean de Monte-Corvino (1289), qui mourut archevêque de Péking; d'Odéric de Frioul, qui passa à Ormuz vers 1315; du plus fameux voyageur du moyen âge, le Vénitien Marco Polo (1250-1323), qui séjourna dix-sept ans en Chine et qui revint en Europe par Ormuz et par Aden; enfin et surtout des membres de la *Société des Frères voyageurs pour Jésus-Christ,* pour lesquels saint Thomas d'Aquin composa sa *Somme contre les gentils,* des religieux de Saint-Dominique et de ceux de Saint-François.

Grâce en partie aux récits de ces hardis pionniers de la civilisation occidentale, au zèle des papes, à la légitime ambition des rois, à l'ardeur intéressée des marchands, l'Europe, à travers ses luttes et ses préoccupations, avait conservé un vague et brillant souvenir de l'Orient et de ses merveilles. Les croisades étaient venues raviver le goût des conquêtes lointaines, en même temps qu'elles avaient nourri la juste inimitié contre un irréconciliable et mortel ennemi, celui qu'on appelait alors le *Sarrasin*; mais, plus tard, lorsque d'un autre côté le génie de Christophe Colomb eut donné à l'Espagne un empire sur lequel le soleil ne se couchait jamais, on se sentit partout pris du besoin de pousser en avant les vaisseaux que depuis longtemps la boussole dirigeait déjà.

Venise et Gênes s'étaient rendues célèbres dans le commerce qui avait autrefois et tour à tour enrichi Tyr, Carthage, Alexandrie, Rome. Ces deux grandes républiques avaient maintenant en mains les clefs de l'Orient méditerranéen. Mais, pour passer au delà, les terres s'élevaient comme une barrière; et comment les franchir?

Placés sur un autre point de l'Europe, en face d'une autre mer qu'on allait bientôt interroger, les Portugais, eux aussi, se voyaient arrêtés par les Arabes, et eux aussi, eux surtout, commençaient à jeter un œil avide sur cet Orient qui leur promettait de si grandes choses. D'un côté, Jean Ier venait de prendre Ceuta sur les musulmans, et le pape Martin V excitait les chrétiens à de nouveaux efforts; d'autre part, les ambassadeurs du fameux prêtre Jean étaient venus solliciter les secours du roi d'Aragon, et, au concile de Florence, en 1439, l'envoyé du patriarche et du roi d'Éthiopie avait reçu et accepté, au nom de tous les Jacobites, le décret d'union des Grecs et des Latins. Une immense espérance avait traversé le monde chrétien; mais, en dehors des souverains pontifes, nulle part elle n'avait trouvé plus d'écho que dans le cœur généreux du troisième fils de Jean Ier de Portugal, don Henri. Chasser toujours plus loin les Sarrasins, doubler la pointe australe de l'Afrique pour rejoindre par mer les chrétiens d'Éthiopie et ceux des Indes, porter secours à ses frères dans le Christ et attaquer avec eux l'islamisme, puiser librement aux sources mystérieuses des richesses orientales, faire sortir enfin la moitié du globe de l'inconnu et de la barbarie pour la placer sous la loi de l'Évangile, et dans ce but fonder la *Compagnie des Chevaliers du Christ,* rassembler les vagues notions de géographie léguées par l'antiquité, former des marins, réunir des savants, provoquer des expéditions, telles furent désormais les préoccupations du prince que l'histoire, parfois juste, a surnommé le *Navi-gateur*. Établi à la porte du cap Saint-Vincent, sur ce promontoire sacré qui garde encore aujourd'hui son ancien nom de *Sagre*, et promenant de là son regard sur les profondeurs de l'Océan, il lança en 1418 sa première expédition de découvertes, et, jusqu'en l'année 1460, qui fut celle de sa mort, il ne se laissa décourager ni par les dangers réels qu'il rencontra, ni par les craintes imaginaires qu'inspirait sa gigantesque entreprise. C'étaient des courants formidables qui emportaient au loin les caravelles, des bas-fonds d'où l'on ne sortait plus, des vents qui rendaient impossible le retour dans la patrie, des sables brûlants, des cannibales, la zone torride enfin qui changeait la race blanche en nègre. Rien n'y fit, et bientôt on doubla le cap Noun, qui est l'extrémité occidentale de l'Atlas, plus tard le cap Bojador, plus tard le cap Vert, et, s'il ne lui fut pas donné de lancer jusque dans l'Inde les marins qu'il avait formés, il dut mourir du moins avec l'espérance que la route cherchée ne tarderait pas à être parcourue.

Covilham et Payva. — L'élan était donné. Sous Jean II de nouvelles tentatives furent faites, tentatives décisives. Pendant que Bartholomeu Dias,

en 1486, s'en allait par mer avec une flotte, Pero
da Covilham et Alfonso de Payva étaient envoyés par
terre à la recherche d'une route vers cet Orient, vers

Vasco de Gama, d'après une ancienne gravure. (P. 56.)

cette *Arabia felix*, dont l'imagination grossissait
les richesses, dont l'ambition faisait désirer la conquête, dont l'esprit de prosélytisme annexait déjà
les peuples à l'empire universel de Jésus-Christ.

Covilham et Payva partirent donc, et leur histoire

est assez étonnante en même temps que assez ou-
bliée pour mériter d'être rapportée sommairement.
Munis de lettres de recommandation et déguisés en
marchands, parlant d'ailleurs assez bien l'arabe, ils
arrivèrent à Alexandrie, et, s'étant joints à des
caravanes, ils passèrent sans encombre à Memphis,
de là à Élana ou Touro et enfin à Aden. A Aden,
ils se séparèrent, l'un, Payva, pour aller en Abyssinie, l'autre, Covilham, pour se diriger vers l'Inde :
au bout d'un certain temps qui fut fixé, ils devaient
se rejoindre à Memphis. « Mais, dit le P. Maffei,
qui raconte ces détails dans un latin rappelant celui
du siècle d'Auguste, le sort des deux voyageurs fut
bien différent. » Le dernier, Covilham, arriva heureusement au but qu'il s'était proposé. Après avoir
visité successivement Goa, Calicut, Cochin et toute
la côte de Malabar, il traversa de nouveau l'Océan,
vit la côte des Aromates, le Jub, Zanzibar, Mélinde,
Kiloa, Sofala, où, en même temps qu'il apprit
l'existence de mines d'or à l'intérieur du continent
africain, il conclut, d'après le témoignage de navigateurs arabes et « la couleur noire des Éthiopiens
du sud », que cette côte devait aboutir à un cap, le
cap cherché ! Ce cap pouvait donc être trouvé, il
pouvait être doublé, et c'était, par mer, la route des
Indes !

Heureux de ses découvertes et riche d'espérances, Covilham remonte vers le nord et revient à Memphis au temps fixé, s'y croyant attendu par son ami Payva. Hélas! Payva est mort! Peu de temps après son départ d'Aden et avant d'avoir atteint la cour de l'empereur d'Abyssinie, on n'avait jamais su où ni comment il avait disparu.

Frappé de cette nouvelle comme d'un coup de foudre, Covilham a d'abord la pensée de rentrer; mais (et il y a dans cette détermination et dans ces motifs un héroïsme vraiment antique), se rappelant combien son souverain désire avoir des nouvelles de l'Abyssinie chrétienne, il se remet en marche après avoir prié le roi Jean d'envoyer des vaisseaux au delà du cap austral pour remonter la côte qu'il venait de visiter. A ses lettres il joignit des cartes marines, les premières sans doute qui aient été faites de l'océan Indien, et le tout fut confié à des juifs de Memphis en relation avec leurs coreligionnaires de Lisbonne.

Bien reçu par Alexandre, roi d'Abyssinie, Covilham fut ensuite retenu prisonnier par Nahum, successeur d'Alexandre, et longtemps, dans sa patrie, il passa pour mort. Trente-trois ans plus tard, Rodrigo de Lima, ayant à son tour pénétré en Abyssinie, y retrouva le voyageur, qui y finit ses jours.

Telle fut la vie de Pero da Covilham. Il est le premier Européen des temps modernes qui paraisse avoir visité les côtes de l'océan Indien dans toutes leurs parties, qui ait vu le Malabar, l'Arabie, l'Afrique orientale, signalé les mines d'or du haut Zambèze, reconnu l'existence du cap Austral, donné des cartes de ces terres et de ces mers, et exécuté avec une héroïque abnégation les ordres de son souverain. Les dictionnaires ont oublié son nom !

Bartholomeu Dias et Vasco de Gama. — Parti, comme on l'a vu, en 1487, avec ses vaisseaux, Bartholomeu Dias, de son côté, était allé plus loin qu'aucun de ceux qui l'avaient précédé dans cette voie. Arrivé bien au delà de l'équateur, il avait été, en un point dont il avait gardé lesouvenir, assailli par de violentes tempêtes et chassé ensuite vers le nord. Revenant alors sur ses pas, il avait réussi à regagner le port de Lisbonne. Et comme il rendait compte de son voyage, nommant le *cap de la Tourmente* celui où il avait failli périr : « Non, dit Jean II, c'est le *cap de Bonne-Espérance.* »

Dix ans plus tard, un jour de juillet 1497, plusieurs hommes au teint basané et à la figure énergique s'étant dirigés vers une chapelle que Henri le Navigateur avait fait bâtir non loin de Lisbonne sur le bord de la mer, en l'honneur de Notre-Dame des Matelots, y passèrent la nuit en prières. Le lendemain, après avoir confessé leurs péchés, en-

Bâtiments portugais (xvᵉ et xviᵉ siècles).

tendu la messe et communié, on les vit repasser à Lisbonne en ordre de procession, chacun portant un cierge à la main. Puis, ayant été ainsi conduits jusqu'au port, ils se mirent à genoux, reçurent de nouveau l'absolution générale, et, pendant que de tous côtés on pleurait sur cette magnifique jeunesse qui allait affronter tant de périls, eux s'embarquèrent et disparurent dans l'immensité des mers inconnues.

Ces hommes étaient Vasco de Gama et ses compagnons : comme Jean avait envoyé Covilham et Dias, Emmanuel de Portugal les envoyait à leur tour. Mais cette fois l'Océan livra son secret. L'amiral doubla le cap fameux, remonta courageusement vers le nord, visita successivement Sofala, Mozambique, Kiloa, Mélinde, puis Calicut et Goa, et, en revenant, Mogadisho et Zanzibar.

Cabral vint ensuite, d'autres encore : c'était bien là la route des Indes, la route depuis si longtemps cherchée !

II

Sans doute, l'imagination occidentale s'était exagéré les richesses de ces pays mal connus. Mais pourtant, à cette   que et depuis de longs siècles déjà, les transactions dans ces mers étaient considérables. L'auteur anonyme du *Périple de la mer Érythrée* ou mer Rouge, « ainsi nommée, dit Agatharchides (150 av. J.-C.), à cause des rochers rouges qui la bornent du côté de l'Orient, » en mentionne les ports les plus fréquentés, ainsi que les articles de commerce les plus en cours, et, bien des années après, Marco-Polo (1269-1295) écrit de la province d'Aden : « En ce pays est le port où les vaisseaux de l'Inde abordent avec toutes leurs marchandises... C'est par cette voie d'Aden que les Sarrasins d'Alexandrie ont le poivre, les épices et les autres marchandises précieuses... » Plus tard, les relations commerciales s'étendirent encore vers l'Extrême-Orient, et, dès que la mousson commençait, dès que s'élevait le vent favorable, les daous et les boutres « *cousus*, disent les relations de voyages de l'époque, à cause des montagnes d'aimant qui auraient attiré les vaisseaux garnis de fer, » tous les voiliers levaient l'ancre et sillonnaient l'Océan. Les tissus, la soie et les riches travaux de la Chine, le girofle des Moluques, le sandal de Timor, le camphre de Bornéo, les pierres précieuses, les épices, les parfums, l'or et l'argent venaient s'amonceler à Malacca ; Java, Siam, le Pégu, le Bengale, Ceylan, la côte de Coromandel et la côte de Malabar apportaient de nouveaux produits ; l'Afrique fournissait à son tour de l'ivoire, des cornes de rhinocéros, de l'écaille de tortue, de la myrrhe, de la cannelle, des aromates, surtout des esclaves. Le tout venait se concentrer à Ormuz et à Aden, où l'on trouvait en échange les produits de l'Europe, de l'Égypte, de l'Arabie, de la Syrie : des étoffes grossières, des cotonnades, des tissus à franges, des verroteries, des bracelets, des ustensiles de cuisine, des lances, des haches, des couteaux, quelquefois du blé, même du vin [1]. On

[1] Amiral Jurien de la Gravière, *le Commerce de l'Orient. Revue des Deux-Mondes*, 15 nov. 1883.

Musulmans en prières, à bord d'un bâtiment européen.

le voit, les choses étaient alors ce qu'elles sont aujourd'hui : seulement, dans ses articles d'exportation, l'Europe moderne a ajouté les armes à feu, la poudre à canon, les cigarettes et les liqueurs fortes.

D'Ormuz, le courant suivait le golfe Persique et s'en allait vers Bassorah, Alep, Damas et Constantinople.

D'Aden, les produits orientaux passaient à Ocelis, à l'entrée de la mer Rouge, de là à Adulis, à Bérénice, à Kosseïr, à Arsinoë (Suez). De Bérénice et d'Arsinoë, sur la mer Rouge, à Koptos sur le Nil, des caravanes de chameaux faisaient perpétuellement le trajet, et de Koptos au Caire et à Alexandrie, les marchandises précieuses descendaient le Nil sur de grandes embarcations, pour de là être dispersées dans toutes les parties du monde occidental.

Longtemps, les Arabes avaient eu le monopole presque absolu de cet immense commerce. L'islamisme était venu les fortifier dans leurs positions, et Aden était bien vite tombé au pouvoir de l'iman de l'Yémen. Depuis 1180 jusqu'en 1239, cet iman fut un prince de la famille de Saladin, mais ensuite il fut remplacé par un Turcoman du nom de Noureddin-Omar, dont la famille a possédé l'Yémen jusqu'après l'an 1397 [1].

---

[1] De Guignes, *Tabl. chronolog.*, I. VII.

Là surtout, les musulmans se sentaient chez eux. Et regardant volontiers les limites du monde habité comme celles de leur futur empire, ils étaient bien éloignés de penser que leur puissance dût leur être contestée si près du berceau du prophète, lorsque devant leurs yeux étonnés parut tout à coup un vaisseau d'« infidèles ».

Déjà un gentilhomme de Bologne, Louis de Vartema, avait excité dans le pays des craintes et des jalousies sérieuses. Parti de Venise en 1502, il était arrivé à Aden après avoir visité l'Égypte, la Syrie et une partie de l'Arabie. La description qu'il en donne est celle des autres voyageurs. « Cette ville est la plus belle de toute l'Arabie; elle peut contenir de cinq à six mille feux; elle est ceinte de fortes murailles et défendue par cinq forts châteaux. C'est le rendez-vous de tous les vaisseaux de la Perse, de l'Inde et de l'Éthiopie, soit quand ils vont à la Mecque, soit quand ils en reviennent.» Arrivé là, le voyageur fut reconnu comme Européen et comme chrétien. Jeté aussitôt en prison, il y resta trois mois, et il ne parvint à sortir de ce mauvais pas qu'en contrefaisant l'insensé. Relâché par pitié, il parcourut ensuite l'Arabie heureuse, passa à Zéilah, puis à Ormuz, et, en compagnie d'un marchand persan avec lequel il s'était lié d'amitié, il visita successivement l'Inde, les Moluques, Sumatra, Java, Bornéo, et rentra à Lisbonne en 1507, sur un navire de Tristan d'Acunha[1].

Mais le trouble passager occasionné par l'aventureux gentilhomme se changea en une véritable panique, une colère formidable, lorsque l'on vit les marins portugais, leurs vaisseaux et leurs soldats.

Aussitôt l'approche d'un péril commun réunit dans une étroite alliance contre les étrangers les Hindous de la côte de Malabar, les Turcs de Constantinople, Kansou al Kouri, soudan du Caire, et Hhamed, scheik d'Aden : ce dernier gouvernait la ville pour le compte de l'Égypte, depuis quelque temps maîtresse de ces contrées. Aidés par Venise, qui, jalouse du Portugal, fournit aux Sarrasins des hommes de mer, des ouvriers et du matériel, les Égyptiens équipèrent une flotte à Suez et en donnèrent le commandement, dit le P. Maffei[2], « à l'archipirate Soliman de Mitylène (Lesbos), chassé de chez les Turcs de Constantinople à cause de ses vols. » La flotte comptait environ vingt-sept voiles, trois mille mamelucks, des Arabes et des chrétiens renégats.

De son côté, Emmanuel de Portugal comprenait,

[1] *Magasin pittoresque*, ann. 1842.
[2] *Histor. in die.* l. XIV.

d'après les cartes et les relations de ses voyageurs, que les *præsidia* du commerce et de la puissance de ces contrées étaient au nombre de trois : Malacca, Ormuz et Aden. S'il avait ces trois villes, il avait l'Orient.

Le 6 mars 1506, sous le commandement supérieur de Tristan d'Acunha, une flotte de quatorze voiles quittait donc Lisbonne ; quatre de ces navires étaient commandés par Affonso d'Albuquerque, un nom que les Indes allaient apprendre à connaître.

La flotte double le cap de Bonne-Espérance, visite Madagascar, remonte la côte africaine, passe à Sokotra (Socotora), où l'on convertit une mosquée en église sous le vocable de Notre-Dame-de-la-Victoire, et arrive heureusement à Goa. Dès lors la vie d'Albuquerque n'est plus qu'une suite ininterrompue de campagnes. Pour exécuter les ordres d'Emmanuel, il paraît successivement devant la ville fortifiée de Mascate, qu'il met à sac ; devant Soar, dont les habitants se déclarent tributaires du Portugal ; devant Ormuz, qu'il assiège sans pouvoir la prendre ; et devant Sokotra, dont il secourt la garnison.

Il se préparait à attaquer Aden, lorsqu'un ordre lui arrive de Lisbonne : Emmanuel nommait Albuquerque, à la place de Francisco d'Almeida, gouverneur des possessions portugaises dans les Indes. Rentré à Goa, il se jette en 1511 sur Malacca, qui entre dans son alliance.

Mais une nouvelle mission le ramène bientôt après vers la mer Rouge : Emmanuel lui demande de faire arriver « de gré ou de force » le soudan d'Aden à composer avec lui. Il prépare donc une flotte de vingt-trois vaisseaux; mais, repoussé par des vents contraires, il se porte encore une fois vers Malacca, Sumatra et l'Extrême-Orient.

Revenu des Moluques, l'infatigable marin reprend bientôt l'expédition d'Arabie, tant de fois interrompue. Laissant donc à Goa le gouvernement à Pierre Mascarenhas, il part cette fois avec vingt navires, passe à Sokotra et jette enfin l'ancre dans le port d'Aden. C'était en 1513.

Le gouverneur de la ville était alors un certain Amirian, Abyssin, chrétien et renégat, que l'amiral cherche d'abord à gagner. Pris à l'improviste, le rusé gouverneur accepte tout; mais, pendant qu'il fait les promesses les plus belles et gagne un temps précieux, il rassemble des soldats dans l'Yémen, et, se trouvant enfin assez fort, il rompt tout à coup l'amitié conclue.

« Le jour suivant, dit Maffei, qui écrivait à Lisbonne au XVIe siècle, sur l'ordre du roi et d'après les manuscrits originaux, Albuquerque fit débarquer une partie de ses troupes sur le rivage; une autre partie reçut l'ordre d'occuper l'isthme pour prendre l'ennemi à dos. Des deux côtés on se battit vaillamment, et la résistance des Sarrasins fut très vive. A la fin, les quelques Portugais qui avaient déjà escaladé les murs étant tombés sur leurs échelles cassées, et beaucoup de cavaliers et de piétons ennemis apparaissant dans la ville, Albuquerque fit jeter des cordes aux créneaux pour que ses soldats pussent descendre. On sonna la retraite, et, laissant une ville si bien défendue par la nature, le courage et les travaux des hommes, l'amiral se contenta de brûler dans le port près de trente navires mahométans. »

Ayant ensuite levé l'ancre, Albuquerque se dirigea vers le golfe de Lujan. Mais là, jeté sur des bancs de sable et des récifs, il se vit bientôt à deux doigts de sa perte. « Dans cet extrême danger, il invoque le secours de la bienheureuse Vierge, et c'est en mémoire du grand bienfait qu'il en reçut alors que, dans la suite, il lui éleva un temple dans la ville de Goa et que, aussitôt, il donna à la syrte de Lujan le nom de *Banc de Sainte-Marie.* »

Arraché à ce péril, Albuquerque arrive ensuite

avec toute sa flotte à l'île de Kamaran, dans la mer Érythrée. L'endroit n'est pas désagréable : on y trouve de l'eau et des troupeaux en abondance. Des ruines imposantes attestent à la fois sa célébrité et ses richesses antiques. Les Portugais y passent l'hiver.

« Là, ajoute Maffei, il arriva deux choses admirables.

« Un jour, à l'occident, où l'empire du roi d'Abyssinie est situé, une croix brillante d'un rouge de pourpre apparut dans le ciel. A sa vue, tout le monde se prosterne et adore pendant qu'Albuquerque, homme d'une très grande piété, fait à haute voix cette humble prière :

« O Croix, dit-il, instrument de notre rédemp-
« tion, signe de la victoire du christianisme, décoré
« du sang très précieux du Seigneur Jésus ! Arbre
« divin, dont le fruit de vie a remplacé le fruit de
« mort de l'arbre antique, en toi nous plaçons
« toutes nos espérances; nous te reconnaissons,
« nous te confessons, nous t'adorons, et nous te
« prions aussi, ô Croix ! parmi tant de périls sur
« terre et sur mer, d'être partout notre sauve-
« garde!... »

« Cette prière fit couler les larmes de tous les yeux. Et aussitôt, en signe de foi et de religion, des acclamations générales furent poussées, les trompettes sonnèrent, et une décharge de tous les canons fut commandée. Un blanc nuage parut ensuite qui voila peu à peu la croix aux yeux des Portugais toujours fixés vers le ciel, et, par la première occasion, Albuquerque écrivit à Emmanuel la relation du prodige. »

Dans le même temps, une épidémie se déclara à bord de la flotte et emporta plusieurs hommes. L'un d'eux, un soldat qui était mort subitement, « fit grand peur à tout le monde, ajoute Maffei. Ayant été jeté à la mer, la nuit suivante on entendit sous la cale des coups vigoureux et maintes fois répétés. Étonnés de ce bruit, les hommes de quart prennent un canot et descendent : tout à coup le cadavre leur apparaît embarrassé dans la carène, sous le gouvernail. Chacun sent ses cheveux se dresser sur sa tête ; puis, revenant peu à peu de leur frayeur, les marins remontent à bord et rapportent la chose au commandant, qui, sans hésiter, part porter le cadavre sur le rivage et l'ensevelir dans la terre. Mais le lendemain, sur le tombeau même, son ombre se dresse sans sépulture. Et comme, étonnés de ce fait extraordinaire, tous en demandaient la cause, un moine nommé François (on ne sait de quel ordre, dit le P. Maffei) soupçonna avec raison que cet homme était mort frappé de quelque anathème. Il descendit donc à terre, et, à l'exemple du saint abbé Benoît, il récita la formule pontificale pour le repos de l'âme du défunt. Chose admirable! la paix fut rendue au mort par cette cérémonie, et ses os errants purent enfin reposer dans leur tombeau. »

L'hiver passé, Albuquerque se porta sur l'île Meho, dans le détroit même de la mer Érythrée. L'endroit y parut très favorable pour y bâtir une citadelle, mais le manque de matériaux nécessaires fit remettre la chose à plus tard. On se contenta d'élever une grande croix qui pouvait se voir de quatre mille pas au large. L'île reçut de là le nom de Sainte-Croix ou Vera-Cruz.

Il s'agit ici de Périm, que le *Périple de la mer Érythrée* appelle l'île de Diodore, et que les Arabes nomment Mayun, d'où le nom de Meho du P. Maffei. Cette île, dont la position stratégique, en plein détroit de Bab el Mandeb et entre les trois colonies d'Aden qui est aux Anglais, d'Obock que la France semble semble enfin vouloir occuper, et d'Assab où l'Italie s'établit, cette île dont la position stratégique est très importante, possède d'ailleurs un port. Elle est formée d'un sol volcanique couvert de collines dont la plus haute s'élève seulement à 245 pieds. On n'y trouve pas d'eau. En 1857, l'empereur Napoléon III avait envoyé un capitaine de vaisseau avec mission secrète de planter sur ce point le drapeau tricolore. Arrivé à Aden, l'honorable envoyé fut reçu par le gouverneur anglais avec tant d'empressement, de bonhomie affable et de champagne, que, dans un moment d'épanchement, il confia (sous secret, naturellement) à son hôte et à son ami le but de sa mission. La soirée se passe, le matin vient... mais lorsque le bâtiment français parut devant Périm, le capitaine y aperçut le pavillon britannique qui venait d'y être hissé. Depuis cette époque, l'Angleterre a élevé un phare sur Périm et elle y entretient un détachement de soldats. — Revenons à Albuquerque.

En repassant à Aden, Albuquerque livra de nouveaux combats qui n'eurent point de suite, et, mettant à profit la première occasion, il se décida enfin à rentrer à Goa.

Une dernière et grande épreuve l'y attendait. A son arrivée, il trouva l'ordre de remettre le commandement à son ennemi personnel, Lopo Soarez d'Albergaria. Déjà triste et malade, celui que la reconnaissance tardive de ses compagnons a surnommé plus tard *O grande Affonso de Albuquerque* se sent mortellement atteint par ce coup

L'île de Périm.

imprévu, et, le 15 décembre 1515, il s'éteint à Goa dans les sentiments de foi profonde et ardente qu'il avait montrés toute sa vie et qui étaient son principal soutien dans son héroïque carrière.

Cependant les deux ennemis restaient toujours en présence : d'un côté les Égyptiens, de l'autre les Portugais, Aden au milieu.

En 1516, Soliman de Mitylène, qui guerroyait pour le compte du soudan d'Égypte, ayant été, lui aussi, repoussé devant la citadelle enviée, s'était replié sur l'île de la Kamaran et plus tard sur Djedda. A Djedda, il apprend que le soudan Kansou al Kouri, son maître, vient d'être vaincu et tué par Sélim Ier, de Turquie, et que Hocus, son ami et son concurrent, s'est noyé. A ces *heureuses* nouvelles, Soliman rentre vite en grâce avec Sélim, lui donne tout, sa flotte et ses conquêtes, et devient en récompense préfet du Caire, où, quelque temps après, il mourut.

Soarez, de son côté, était parti de Goa, et peu de temps après Soliman il se présente devant Aden. Amirian, surpris sans avoir eu le temps de réparer ses murailles, s'excuse, s'humilie, remet les clefs de la ville aux Portugais, et se déclare prêt à tout.

C'était une occasion magnifique. Le gouverneur de l'Inde allait donc enfin abriter sa flotte dans ce port d'où le grand Albuquerque avait été repoussé, il allait faire flotter le pavillon de son roi sur ces inaccessibles rochers encore teints du sang portugais, il allait ajouter à son empire ce poste si long-temps, si ardemment désiré. Soarez attendit.

Apprenant que Soliman est dans ces parages, il fait voile vers Kamaran où la tempête lui fait perdre quatre vaisseaux, se transporte à Djedda à la poursuite du Sarrasin, et, trouvant enfin l'ennemi qu'il cherche, il a peur d'une défaite et revient en hâte à Kamaran passer l'hivernage, « aux applaudissements et aux sifflements des barbares, » ajoute avec une patriotique indignation le P. Maffei.

Là, pendant qu'il s'amuse à détruire les ouvrages de Soliman, « gloire facile, » la peste se met parmi ses hommes, et la disette se fait sentir. Il passe alors à Zeilah, qu'il détruit, et enfin il reparaît devant Aden, heureux et confiant, car Aden est à lui, et il va s'y reposer...

Hélas! aussitôt après le départ des Portugais, Amirian, se sentant soulagé d'un grand poids, avait rapidement refait ses murailles, rassemblé des provisions, organisé des troupes; et quand l'imprudent Soarez revint de son inutile campagne contre Soliman, il put voir à sa grande douleur « combien l'occasion est fugitive, et comme l'opportunité des

La fin d'un gouverneur. (P. 80.)

choses a bientôt fini de s'envoler sans retour. »
Pauvre, malade, plein de tristesse, sans provisions,
sans eau, sans gloire et presque sans hommes, il
regagne enfin l'Inde et Goa.

Malgré ces déplorables insuccès, les Portugais
n'avaient pas renoncé néanmoins à chasser leurs
ennemis du golfe Arabique et de l'océan Indien.

Quelques années plus tard, Carvalho, après s'être
emparé de Cambaye et de Diu, détachait Étienne
de Gama, descendant du célèbre Vasco, pour
incendier à Suez la flotte des Sarrasins. Étienne
part; mais, pendant qu'il s'arrête le long des côtes,
les autres se préparent, et si bien, qu'ils rendent
impossible l'exécution du dessein des Portugais.
Forcé de revenir sur ses pas, il détruit quelques
villes, se présente devant Massawah, et, apprenant
par là que l'empire d'Abyssinie est en guerre avec
les musulmans, il envoie dans les terres, avec des
soldats et des canons, le jeune Christophe de Gama,
qui, du reste, rentre vainqueur; mais ce fut tout.

En 1538, le Turc fait contre Aden un nouvel
effort, un effort décisif. Soliman le Magnifique, fils
de Sélim, était alors à la tête de l'empire ottoman.
Il rassemble à Suez une flotte de soixante-quatre
vaisseaux, portant sept mille rameurs et six mille
soldats, dont quinze cents janissaires et deux mille

Turcs ; le reste était un ramassis de diverses nations. Ces forces sont mises sous le commandement de Soliman du Péloponèse, gouverneur de l'Égypte, «homme non moins connu, dit Maffei, par son avarice et sa cruauté que par son énorme embonpoint. »

Après s'être emparé de Djedda, de Kamaran et de Zébith, le nouvel amiral arrive à Aden. Mais, jugeant bien vite que cette place ne peut être prise autrement que par la famine ou la ruse, le Turc entre en relations amicales avec le gouverneur; il lui demande des vivres, de l'eau, et comme il a sur ses navires un grand nombre de malades, il le supplie, au nom du Prophète, de vouloir bien mettre à sa disposition quelques édifices inoccupés afin qu'il puisse y transporter ses pauvres mourants. Le gouverneur essuie une larme, la seule sans doute qu'un musulman ait versée, et il accepte. Aussitôt Soliman organise des convois, et, quatre hommes valides portant un malade, les soldats se trouvent bientôt introduits dans la ville au nombre d'environ cinq cents. La nuit commençait. Tout à coup, à un signal convenu, les infirmes se lèvent, saisissent les armes cachées sous leurs lits, se jettent sur le palais du soudan, s'emparent de sa personne et le conduisent à Soliman, qui, sans plus tarder, le fait pendre à une vergue de son vaisseau.

De là, l'amiral se porte sur Diu; mais, repoussé par les Portugais, il est forcé bientôt de rentrer en Égypte. Sa carrière était finie. Deux esclaves de sa nation, Mustapha et Sophar de Chio, ayant réussi à le mettre à mort et à voler les trésors du gouvernement, partent pour Suez avec une armée, qui, forte d'abord de six cents hommes, se grossit rapidement en chemin de tous les voleurs et de tous les aventuriers. Autrefois ils étaient nombreux dans ce pays-là.

Où iront-ils? A Aden; car, décidément, Aden est le but vers lequel tendent tous les efforts, le Paradis perdu à la conquête duquel il faut se porter.

A ces nouvelles, Hector Sylveira, qui venait de s'emparer de la riche cité de Mangalore, et qui se trouvait alors au promontoire des Aromates, accourt vers le point menacé, propose son alliance au soudan en péril, et celui-ci, reconnaissant, se déclare aussitôt tributaire de Jean III, s'engage à lui payer chaque année dix écus sarrasins, et pour commencer offre à Sylveira quinze cents pièces d'argent qu'il fait frapper à Ormuz à l'effigie du roi de Portugal. Les Égyptiens s'éloignent, et Sylveira rentre à Goa, heureux et fier d'avoir enfin pu exécuter l'ordre tant de fois donné par ses souverains; car, cette fois, Aden est bien à lui! Quelques mois plus tard, un navire portugais chargé de poivre ayant relâché dans la ville tributaire, le soudan fait piller le navire, tuer tous ceux qui le montent et massacrer jusqu'au dernier les chrétiens de ses États.

C'était en 1630. Dix ans auparavant, Ormuz avait été déjà perdu, et Abbas le Grand, secondé par les Anglais, avait remplacé sur cet ilot fameux le drapeau du roi de Portugal par le pavillon persan.

Telle fut dans ces mers l'élévation du Portugal, et telle fut sa chute : élévation prodigieuse, chute déplorable.

Et il y a dans cette puissance, qui rappelle à la fois celle de Tyr, de Carthage, de Londres, quelque chose de si rapide et de si grand, qu'on est involontairement porté à se demander pourquoi cette élévation extraordinaire, et pourquoi cet affaiblissement soudain.

Quelles sont les causes qui ont valu à ce petit pays du Portugal son antique prestige et sa réelle puissance? Il est facile de les trouver quand on se rappelle le caractère de ces navigateurs et de ces conquérants, dont les noms de quelques-uns ont figuré dans les lignes qui précèdent. Une foi profonde, source d'héroïques vertus, une simplicité de mœurs patriarcale, des habitudes austères, une vie frugale, une santé robuste, un courage chevaleresque et bouillant, une exubérance de vie, une ambition immense, un orgueil national que les premières conquêtes ne firent que développer, des traditions à maintenir dans de nobles familles où la gloire du père empêchait, comme autrefois, le fils de dormir; par-dessus tout, en ces âmes nobles et vaillantes, la conviction d'avoir à accomplir une tâche héroïque et sainte, celle d'étendre toujours plus loin le royaume de leur roi et celui de leur Dieu, d'abaisser le croissant et d'élever la Croix bien haut, de conquérir le ciel en même temps que la terre; peut-être enfin, car il faut tout dire, l'absence d'adversaires sérieux, voilà des qualités que la Providence bénit, et qui, émanant d'un même principe, la foi et la vertu, sont suffisantes pour faire sortir d'un territoire borné un grand peuple.

Et cependant ce peuple est tombé.

Dans les remarquables mémoires qu'il a publiés[1], le capitaine Guillain cherche également à se rendre raison de cette chute, et il dit avec beaucoup d'élévation et de sens : « A ce colosse il manquait d'abord une condition première de stabilité : une largeur suffisante à sa base. Le Portugal et son

---

[1] *Mémoires pour servir à l'histoire de la Côte orientale d'Afrique.*

empire d'Afrique et d'Asie, c'était comme une pyramide mise en équilibre debout sur sa pointe, et que le dérangement d'un grain de sable peut faire vaciller. »

En effet, bornée dans sa population et obligée de pourvoir à la défense d'un immense territoire, qui du Brésil s'étendait jusqu'en Chine, la métropole, à mesure qu'augmentaient ses conquêtes, se trouvait embarrassée pour les garder.

Ses flottes et ses forteresses demandaient des hommes, et ils en demandaient un si grand nombre que le « Bossuet du Portugal », Viyera, a pu s'écrier un jour : « Si les morts qui ont été jetés par-dessus bord entre la côte de Guinée et le cap de Bonne-Espérance, et entre le Cap et Mozambique, si tous ces morts pouvaient avoir des monuments placés à l'endroit où chacun fut englouti, la route entière apparaîtrait comme un cimetière sans fin. »

Et puis, au milieu de toutes ces richesses et après toutes ces gloires, il arriva ce qui trop souvent arrive : la voix de la foi, jadis si pressante, fut peu à peu couverte par le bruit des gains faciles, par l'appât des intérêts matériels, par le retentissement des jouissances scandaleuses ; le mépris de la mort fit place aux désirs d'une vie enivrante ; la valeur ancienne s'attiédit ; tout s'abaissa, excepté l'orgueil, et un souffle des peuples conquis suffit bientôt pour renverser cette puissance alanguie. Voilà pourquoi le Portugal déclina; mais, en occupant les Arabes en Orient et en les obligeant de diviser leurs forces, il serait injuste de ne pas le reconnaître, le Portugal amena pour sa grande part l'abaissement de l'islamisme en Europe, et servit puissamment alors les intérêts du christianisme et de la civilisation.

Ainsi l'a toujours répété l'histoire : quand la foi en un principe supérieur qui domine le monde sert de règle au gouvernement d'un peuple, ce peuple est grand ou le devient; mais lorsque, à l'abri d'une morale de fantaisie, la vie facile remplace la vie austère, alors les gens qui posent et qui parlent remplacent bien vite les véritables hommes d'État, et on est à la merci du premier conquérant qui surgit.

« En faisant un récit lamentable de la perte de leurs belles colonies, ajoute l'auteur déjà cité, les historiens portugais semblent avoir cherché un soulagement à leur douleur dans des récriminations contre les hommes qui ont figuré au milieu de ces événements. Ils ont accusé la lâcheté des uns, l'insouciance des autres, les mauvaises passions de tous, l'insolence des Anglais contre les Portugais, la duplicité d'Abbas-Shah; que savons-nous encore?

des retards apportés au secours par des accidents de mer. Pauvres raisons dont se payent l'orgueil et l'imprévoyance des peuples !

« Il ne faut jamais attribuer à de petites causes les grands événements. Les Portugais étaient partout ce que les avaient faits la nature de leur conquête et la manière de l'exploiter : fautes semblables et semblables désastres. L'histoire a sa logique, et, avec des prémisses identiques, elle conclut toujours de la même manière [1]. »

A la fin cependant, on crut, sur les conseils de Pombal et de ses amis, que, en se débarrassant des jésuites, des augustins, des dominicains, et en enlevant au clergé colonial toute initiative et tout crédit, on pourrait arriver à exploiter plus aisément les vieilles conquêtes, à s'enrichir avec moins de peine, à jouir avec moins de remords.

Si l'on ne voulut que cela, peut-être réussit-on pour un temps ; mais jusqu'à présent la franc-maçonnerie, qu'on a mise à la place de l'Église catholique, n'a pas eu la gloire de maintenir debout une puissance que, en grande partie, l'Église catholique avait faite. Et aujourd'hui, sur ces terres orientales où le drapeau d'un roi chrétien flotta si glo-

____
[1] Guillain, I, p. 439.

rieux, des broussailles épineuses couvrent quelques ruines informes, des familles de lézards se chauffent au soleil sur un reste de blason taillé dans la pierre, des serpents nichent dans la gueule d'un vieux canon rongé par les siècles; et si ces mers sont encore sillonnées par des hommes répondant aux noms superbes de Cabral, de Diaz, de Carvalho, de Soarez, de Souza, d'Albuquerque, de Mascarenhas, on croit assister à une dérision de la Providence en voyant ces noms portés par des cuisiniers et des tailleurs au service des matelots anglais.

Quand, en 1630, le Portugal perdit définitivement la ville et le territoire d'Aden, l'Yémen s'en réempara, et l'Yémen à son tour, ayant été fractionné en plusieurs petits États plus ou moins indépendants, le sultan de La Hadj devint, en 1735, maître de la citadelle fameuse.

Dès lors Aden tomba rapidement. Sans commerce et sans population, la ville était en 1838 entre les mains d'un scheik, vieillard imbécile, qui semblait vouloir prendre les mesures les plus propres à réduire toujours davantage l'importance de ce port autrefois si florissant.

Légataire universelle de tous les pays que la négligence ou l'ineptie abandonne, l'Angleterre, en devenant maîtresse de l'Inde, de Malacca, de cent autres comptoirs, l'Angleterre déjà bien des fois s'était demandée si, ayant Gibraltar aux portes de l'Atlantique, Malte au milieu de la Méditerranée, devant plus tard avoir l'Égypte, il ne lui serait pas utile d'avoir aussi Aden sur l'océan Indien.

Donc, à partir de 1829, l'Angleterre fit d'abord déposer un peu de charbon sur la pointe, puis quelques hommes pour garder le charbon, puis des baraques pour garder les hommes, puis son pavillon pour garder le tout, et elle-même enfin pour garder son pavillon.

Ce furent le capitaine Haines et le major Baillie qui définitivement, le 19 janvier 1839, s'emparèrent de la presqu'île au nom du gouvernement de Sa Majesté britannique. La ville comptait alors six cents âmes, dont deux cent cinquante juifs et cinquante Banians. L'antique *emporium* était misérable. Mais les ruines d'un long aqueduc, des citernes colossales et les restes d'une route magnifique de douze pieds de largeur, conduisant aux hauteurs du Shem-Shem, attestaient l'importance passée de ce point fameux et la possibilité d'en relever la splendeur. Depuis lors, en effet, sous la direction habile, tenace et toujours suivie de ses nouveaux maîtres, Aden n'a fait que grandir et se fortifier.

L'Angleterre, on le sait, était opposée au percement du canal de Suez, et un ingénieur, envoyé par elle, avait déclaré la chose impossible, pour ne rien dire de plus. Le canal a été creusé, et, à son entrée

Steamer-Point.

du côté de la mer Rouge, on a eu la délicate attention de dresser une statue à cet excellent homme qui, tourné vers le canal, est aujourd'hui condamné à voir, de sa figure de bronze, les navires de commerce et de guerre passer malgré lui. Mais, de l'heureuse issue du projet que l'Angleterre n'a point voulu, l'Angleterre a su tirer profit, et, pour ne parler que du point qui nous occupe, Aden, depuis le percement du canal, a acquis une importance commerciale et stratégique de premier ordre. Sans doute, le port italien d'Assab et, le port français d'Obock n'ont pas été ouverts pour favoriser son développement; mais Aden n'est pas un point que l'Angleterre sacrifiera jamais, et, l'année dernière encore, de nouveaux et considérables subsides ont été votés par le parlement pour renouveler et perfectionner le système de ses fortifications.

La colonie comprend les deux péninsules de Djebel Ishan, à l'ouest, et de Djebel Shem-Shem à l'est : entre elles s'ouvre la baie dans laquelle on remarque la petite île de l'Esclave. En dehors et à l'est s'élève, à quatre cent trente pieds au-dessus du niveau de la mer, l'îlot fortifié de Sirah. On y trouve des citernes, et une route y donne accès.

La rade est belle, très sûre dans les deux moussons. La mer y monte de quarante-cinq centimètres environ.

Des deux presqu'îles, Shem-Shem est la plus importante, la seule habitée. Reliée à la terre ferme par un isthme très bas, elle apparaît de loin comme une île à l'aspect grandiose, pittoresque et sévère. On peut la diviser en deux parties : Aden ou le Cratère, et Steamer-Point.

Steamer-Point se trouve à l'extrémité ouest de la péninsule. C'est le point le plus frais, ou, pour parler plus juste, le moins embrasé de ce terrible pays. Aussi c'est là que généralement les Européens s'établissent, là que se trouvent la résidence du général gouverneur, les consulats, les agences maritimes, les hôtels, le télégraphe, un sémaphore, une garnison.

De Steamer-Point au Cratère, où se trouve la ville d'Aden proprement dite, *Aden-Town*, il y a quatre kilomètres. A mi-chemin, sur le bord de la mer, près de la douane et d'un poste de *policemen*, on rencontre l'intéressant village de Mala, dont une grande partie est bâtie de huttes en bois ou en chaume. C'est là que viennent mouiller les boutres qui apportent des côtes voisines les produits les plus divers, et là que demeurent passagèrement des émigrants, des aventuriers, des marins et des marchands, représentants curieux, dit M. Georges Revoil [1] de près de quinze tribus de l'Afrique orientale.

Longeant toujours cette route qui, après avoir suivi le rivage, monte en suit au sud-est, on arrive, par une rampe taillée dans des rocs abrupts et brûlés, à l'étroite anfractuosité qui sert de porte : c'est le *Main-pass gate*. Un poste de cipayes, com-

---

[1] *Les Pays çomalis.*

mandé par un sergent européen, stationne là nuit et jour, et, à neuf heures du soir, la porte est fermée.

Bientôt, au delà, après avoir passé sous un pont qui relie deux rochers et suivi un chemin creusé profondément dans la montagne, on aperçoit tout à coup comme un vaste amphithéâtre formé par une série de vallées d'une stérilité horrible et aboutissant à un centre commun : c'est là, au fond, que repose la ville d'Aden, comme dans un énorme fourneau.

Point d'air et point d'eau ; seule, une échancrure donnant sur l'île de Sirah permet à la chaude brise de l'Inde d'arriver jusque-là. Quant à l'eau, les citernes essayent de la recueillir au pied de Shem-Shem. Ces citernes, une merveille, sont d'immenses réservoirs creusés au nord-ouest de la ville. La construction en remonte à la plus haute antiquité, à Salomon, dit une tradition locale ; elles ont été intelligemment restaurées par les Anglais. Elles sont au nombre de neuf, encaissées au bas des vallées, recouvertes de stuc et disposées les unes au-dessus des autres, de manière que la citerne supérieure débordant, l'autre se trouve remplie, et ainsi du reste jusqu'à la neuvième. Toute l'eau qui tombe sur les crêtes et les vallées d'alentour est ainsi recueillie. La seule citerne du fond peut contenir plus de deux millions d'hectolitres. Mais ces

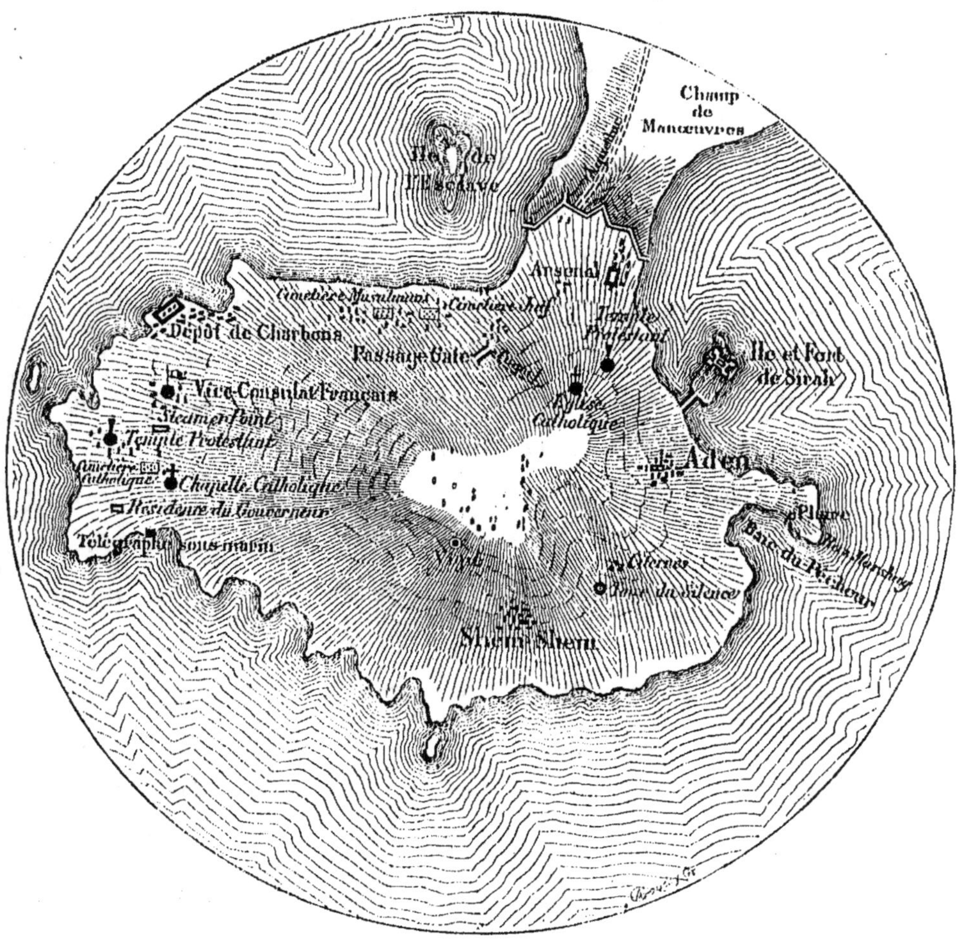

La péninsule de Shem-Shem.

énormes bassins n'ont été entièrement remplis que deux fois en ces derniers temps, en mai 1864 et en mai 1870. Aussi est-on obligé, pour suppléer au manque d'eau, de distiller l'eau de mer, qui est ensuite vendue très cher aux consommateurs. Un aqueduc amène aussi, par l'isthme, l'eau, légèrement jaunâtre, mais potable, de la contrée voisine.

La ville compte, sans parler des habitations en paille et en torchis, environ deux mille maisons en pierres et trente mille habitants. Au centre, une grande place, autour de laquelle s'étendent divers bazars et où demeurent quelques commerçants européens, est presque tout le jour occupée par une foule de chameaux, venus de l'Yémen pour apporter à la ville les provisions nécessaires.

Au nord, et près du *Main-pass gate* qui donne accès sur la Pointe, on a pratiqué dans la lave un long tunnel (trois cent cinquante yards) qui fait communiquer la ville d'Aden avec l'isthme. Ce tunnel, éclairé par des lampes, est ouvert jour et nuit. Il est étroit; mais on y a ménagé trois gares, où les voitures peuvent se ranger. Au delà, se trouvent les baraques, l'arsenal, le champ de manœuvres, l'isthme, Sheikh-Osman, l'Yémen, l'Arabie.

Venant de la pointe et passant près de ce tunnel, le voyageur aperçoit à sa gauche l'église catholique et le couvent des RR. PP. capucins; un peu au-dessus, le temple protestant; devant soi, une belle et large route qui mène au fort de Sirah ; et à droite, le marché, les citernes, et enfin la tour du Silence où les Parsis exposent aux rayons embrasés du soleil les cadavres de leur mort.

Que si, maintenant, du fond de ce cratère où l'on croit sentir encore le pétillement de la braise sous ses pieds, si on lève les yeux vers le ciel, où planent les milans, de quelque côté qu'on porte ses regards, ici tout près, et là-haut sur ces crêtes dentelées irrégulières et qu'on dirait inaccessibles, on n'aperçoit que des bastions reliés entre eux par un chemin de ronde, des ponts jetés d'une roche à l'autre, des tunnels, et, sur le plus haut sommet, à mille sept cent soixante-seize pieds d'altitude, une vigie surveillant, comme un vautour, l'horizon lointain, et prête à donner le signal d'alarme à des centaines de canons accroupis sur toutes les cimes : lions immobiles, mais dont la gueule béante s'ouvre comme une menace perpétuelle et dont la voix, que les échos font terrible en se la renvoyant, gronde quelquefois pour célébrer les fêtes de la reine, et semble vouloir dire qu'ils seraient heureux de prendre au besoin sa défense.

Voilà donc Aden. Sur ce coin de terre qui paraît inhabitable et qui, néanmoins, a été témoin de tant d'événements, bien des races se sont succédé et bien des races subsistent encore. Dans les temps historiques (car pourquoi essayer de remonter au delà), il est probable que la presqu'île, comme le sud de l'Arabie, comme le Sheber et le Hadramaut, a été peuplé par des membres de la famille de Chus ou Kus, alliés ensuite aux Sémites. Cette race a encore, à Aden et à Steamer-Point, de nombreux représentants, qu'on retrouve au reste partout les mêmes, en Arabie, sur la côte africaine, à Lamo, à Mombaz, à Zanzibar; leur teint est bronzé, leur taille ordinairement élancée, leurs membres grêles, et leur type, qui tient visiblement du fils de Chus, a plus ou moins emprunté de son expression au fils de Sem. Pendant que les vrais Arabes, à la peau blanche et au nez aquilin, se sont maintenus riches et solennels, pour la plupart, eux sont restés dans une condition presque toujours inférieure, et on les retrouve aujourd'hui comme portefaix, comme voituriers, petits pêcheurs et petits marchands; d'autres parmi eux sont de pauvres diables de montagnards, qui viennent en caravanes apporter sur leurs chameaux les produits de l'Yémen. Tous ces Arabes, les noirs et les blancs, les enfants de Chus et ceux d'Ismaël, les conquis et les conquérants ont embrassé avec une nouvelle ardeur et surtout avec une ferveur pareille la loi de Mahomet.

Un Gomali.

Voilà donc le fond de la population d'Aden. Mais, à côté des Arabes, il faut mentionner les Çomalis (je prends l'orthographe donnée par M. Revoil, explorateur de ces contrées), qu'une tradition fait

Soldat anglais.

descendre de quelques émigrés du Hadramaut et des Gallas. Ils viennent de la côte africaine, où ils sont divisés en un nombre considérable de tribus indépendantes. Leurs ports principaux sont Berbéra, Zeilah et Tadjourah, que l'Angleterre vient de faire entrer sans bruit dans son empire colonial; Assab, que l'Italie s'est réservé, et Obock enfin, que la France paraît vouloir se décider à occuper.

Le Çomali offre un type d'une régularité et d'une

beauté remarquables. Droit, grand, efflanqué, il a une peau noire avec une nuance rouge, variable d'intensité suivant les individus et les tribus, une chevelure abondante et frisée, le profil facial assez droit, une tête longue et élégamment tournée, un nez parfois aquilin, une bouche assez mince, des dents d'une blancheur d'ivoire, enfin tout un ensemble d'élégance libre, vive et sauvage qui intéresse et qui surprend; avec cela, intelligent, malin, rusé, mais d'une paresse, d'une légèreté et d'une mobilité étonnantes, il ne peut se fixer sur rien ni nulle part. C'est la structure et le tempérament du lézard : il lui faut la liberté, l'air, le soleil et l'espace. Vous le croyez pauvre, parce qu'il n'a rien; mais il a ses guenilles, dans lesquelles, drapé comme un sénateur antique, il est cent fois plus beau que les paysans d'Europe dans leurs gilets et leurs pantalons du dimanche; il a son *gourbi*, où il dort mieux qu'on ne le fait dans beaucoup de palais; il a ses armes, et il se défend; il a le ciel sur sa tête, et il espère; il a la terre devant lui, et il marche.

Au cap Guardafui, à Raz Hafoun et sur tous ces points dangereux de la côte, les Çomalis font parfois de bonnes aubaines. En passant près de là, on les voit souvent sur leurs rochers, veillant comme des vautours qui attendent leur proie. Cette proie ne

leur fait point toujours défaut, et il n'y a pas d'année
que des navires ne viennent se perdre sous leurs
yeux. Alors un grand cri s'élève, un cri triomphant
de convoitise satisfaite. Il y a peu de temps encore,

Riche Arabe.

en pareil cas, ces terribles sauvages tuaient tout
pour tout avoir. Depuis, un contrat a été passé avec
eux, d'après lequel la cargaison leur est abandonnée
pourvu qu'ils laissent aux hommes la vie sauve.
Jusqu'à présent, la convention a été strictement
exécutée : les naufragés sont respectés, et même
il leur est gracieusement accordé d'emporter, avec

la vie, un chapeau, parfois une chemise, parfois une cravate; mais, par ailleurs, les soieries, les glaces, l'argenterie, le fer, le cuivre, les provisions, tout est pillé, tout est pris. Plus tard, les juifs accourent et échangent avec eux, contre quelques verroteries, le riche butin que les terribles caprices de la mer leur ont apporté.

La langue çomalie est un composé de galla et d'arabe; mais aucun travail complet ne l'a encore fait parfaitement connaître.

A Aden, ces redoutables enfants de la côte africaine n'ont pas la permission de paraître armés. Ils y viennent cependant en grand nombre, et les moins paresseux d'entre eux se font conducteurs de voitures, domestiques, portefaix. Dans le port, aussitôt qu'un navire a mouillé, les passagers sont régulièrement témoins d'un spectacle curieux. En un instant, de petits Çomalis de huit à dix ans, aux membres grêles, à l'œil malin, à la voix criarde, à la chevelure longue, frisée et souvent couverte d'une couche de chaux qui a la double vertu de la purger de toute vermine incommode et de lui donner une teinte estimée d'un rouge fauve, gambadant comme des singes, nageant comme des poissons, frétillant comme des êtres à part, en un instant ces petits sauvages sont accourus dans de légères

pirogues creusées dans des troncs d'arbre et qu'ils
dirigent avec de courtes et larges pagaies. Alors ce
sont des chants répétés en chœur, des cris, des

Arabe porteur d'eau.

sauts qui ne finissent plus : « A la mer ! à la mer !
à la mer ! » Les passagers se précipitent, regardent,
lancent une pièce. Vite, comme autant de gre-
nouilles surprises au bord d'un étang, tous les
enfants poussent du pied pirogues et pagaies, font

une pirouette en l'air, plongent, cherchent, et, en une seconde, l'un d'eux reparaît avec la pièce entre les dents. Malheureusement, ce qui est jeté ainsi n'est pas toujours du meilleur argent; mais on sait tirer parti de tout. Un jour (c'était à mon premier voyage), un riche Anglais voulut rire; il s'en va trouver le maître d'hôtel du bord, achète de lui deux douzaines d'œufs et les lance, l'un après l'autre, sur les petits Çomalis qui nageaient là. La séance fut intéressante : c'était des cris et des gambades comme on n'en avait point vu depuis longtemps. Beaucoup d'œufs furent cassés; beaucoup ne le furent point. Or, un instant après, le noble gentleman, ayant fini de s'amuser, regardait le paysage. Tout à coup des œufs lancés d'en bas pleuvent sur lui comme une grêle, et avant qu'il ait eu le temps de se retourner, une épouvantable omelette lui a été appliquée sur son chapeau, sur sa barbe, sur son superbe gilet de soie blanche. C'était une émotion, mais l'honorable lord n'avait point compté sur celle-là.

Les Çomalis sont musulmans, et primitivement païens comme les Gallas. L'islamisme a été prêché chez eux dès l'an 75 de l'égire par un Arabe féroce et fanatique dont ils ont fait un saint, Jabarti-ben-Ismaël. Au reste, on les retrouve partout les mêmes, partout, même surtout chez eux, fanatiques, pillards, voleurs, menteurs, traîtres au besoin, et ne laissant personne pénétrer en leur pays. Ce sont eux qui ont jadis assassiné le baron Van der Decken et, depuis, d'autres voyageurs européens ; derniè-

Enfant çomali de la Mission.

rement encore, M. Georges Revoil, qui voulait passer de Mogadisho à Berbéra, a échoué, et il a dû s'estimer très heureux de revenir vivant à Zanzibar, d'où il s'était embarqué pour ces contrées inhospitalières.

Avec les Çomalis, il y a encore à Aden quelques

Abyssins, mais en petit nombre. Les Abyssins, on le sait, sont chrétiens schismatiques.

Viennent ensuite les Waswahili. Ce sont des noirs appartenant à plusieurs tribus africaines, mais qui ont presque tous passé par Zanzibar. Ils sont nombreux à Aden. Capturés par des négriers de contrebande, achetés, vendus, revendus, ils se trouvent aujourd'hui, les uns, esclaves d'Arabes, les autres, manœuvrant pour leur compte, porte-faix, terrassiers, hommes de peine. On les appelle en général *Mabruki*, qui est le nom de plusieurs d'entre eux, et on aime leur caractère soumis et bon enfant. Il y a longtemps, au reste, que cette race inférieure des *Zendjs*, comme on disait autre-fois, est au service des Arabes, qui ont même sur leur compte des proverbes en vogue. En veut-on deux spécimens, l'un qui les flatte sans le vouloir, l'autre qu'il n'est guère permis de regarder comme un compliment : « Il y a quatre qualités reconnues chez quatre peuples, dit le premier, savoir : la libé-ralité chez les Grecs, la bonne foi chez les Turcs, la bravoure chez les Coptes, la tristesse chez les Zendjs. » Le second dit : « Affamé, le Zendj vole ; rassasié, le Zendj outrage[1]. »

---

[1] Freytag., *Prov. ar.*

Quant au type qui leur est particulier, tout le monde le connaît : c'est, plus ou moins, ce qu'on est convenu d'appeler le *type nègre*. Pourquoi ce

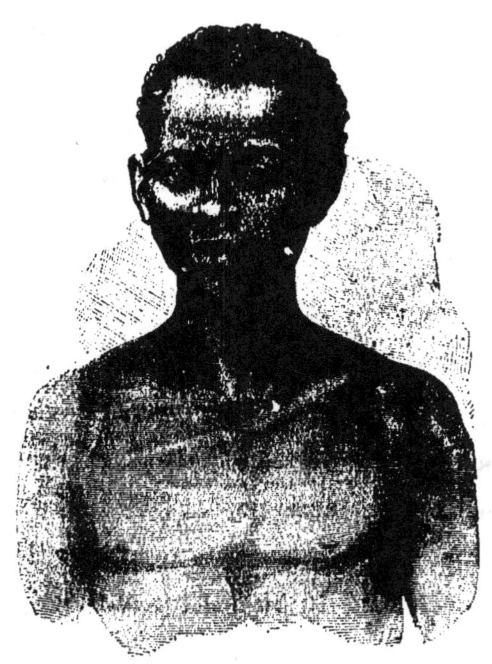

Un travailleur noir.

type? Un philosophe arabe, Al Kendi, l'explique comme il suit : « Le pays des Zendjs étant très chaud, les corps célestes y exercent leur influence et attirent les humeurs dans la partie supérieure du corps. De là, les yeux à fleur de tête de ces peuples, leurs lèvres pendantes, leur nez aplati et gros, et le développement de la tête par suite du mouvement ascensionnel des humeurs...[1] »

Pour le reste, le sentiment religieux n'est pas ce qui étouffe ces braves Mabruki ; mais, comme leurs maîtres sont musulmans, ils sont musulmans comme leurs maîtres.

La colonie juive a ici également bon nombre de représentants. A Aden, les enfants d'Israël tiennent des boutiques de bric-à-brac, sont marchands de plumes d'autruche, bijoutiers ou changeurs. Couverts de la tunique ancienne et coiffés d'un petit bonnet rond sous lequel pendent, à droite et à gauche, de longues mèches de cheveux frisés, maigres, sales, le nez en pointe et l'œil en feu, ils viennent offrir aux passagers les derniers de leurs articles, comptant justement sur l'ignorance et la facile crédulité du public qui voyage pour faire de petits et de gros profits. Ici, comme en beaucoup d'endroits, la population les méprise, les insulte et les bat ; mais ces mauvais traitements sont toujours vaillamment supportés, si en fin de compte il doit y avoir un sou de profit.

A côté de cette population, il faut maintenant placer le contingent fourni par l'Inde. Ce sont

___

[1] Maçowdi, *les Prairies d'or ;* traduct. de Barbier de Meynart et Pavet de Courteille.

d'abord ceux qu'on appelle proprement Indous, qui sont musulmans, et dont la plupart sont dans le

Un juif marchand de plumes d'autruches.

commerce; puis des Banians, qui viennent de Katche, et qui presque tous sont riches, avares et bouddhistes ; des Parsis, derniers représentants des anciens Guèbres, actifs, instruits, fidèles à leurs antiques coutumes, et, pour l'ordinaire, commerçants, employés, médecins et hommes de loi ; enfin des cipayes, qui forment la majeure partie de la garnison anglaise.

A ces éléments déjà si divers, si l'on ajoute quelques Portugais de Goa et quelques Européens, dont la plupart sont des militaires ou des fonctionnaires du gouvernement britannique, on aura une idée de la population d'Aden, où, comme on le voit, les enfants de Sem, de Cham et de Japhet ont leurs représentants, comme si la dispersion de Babel n'avait jamais existé.

Aden, au point de vue administratif, dépend de la présidence de Bombay ; c'est de là que les autorités de la colonie reçoivent leurs ordres et leur argent, de là que la colonie elle-même tire ses fonctionnaires et ses soldats.

Mais Aden est avant tout un poste militaire. Le gouverneur est général. La France y est représentée par un vice-consul, un agent de la Compagnie des Messageries maritimes, quelques commerçants, et enfin par la Mission catholique, confiée aux RR. PP. capucins de la province de Toulouse.

Sous l'administration anglaise, et grâce à elle, Aden est aussi redevenu une importante place de commerce, et, qui plus est, les articles d'échange sont restés les mêmes à peu près qu'aux temps passés. Ce n'est pas que la colonie elle-même produise et exporte : la colonie ne produit rien. Elle est exactement ce que les anciens l'avaient nommée, un entrepôt, *emporium*. Tout se vend à Aden : la poignée de terre, le verre d'eau, le brin d'herbe, tout, excepté l'un des rares articles que la providence de Dieu n'ait point encore livré au commerce : le soleil.

Aden est un port franc. Les principales agences maritimes de l'Europe et de l'Inde y ont des dépôts considérables de charbon, et c'est à cela précisément que la colonie doit en partie son existence et sa prospérité.

Mais, en dehors de là, les principaux articles de commerce sont le café, les plumes d'autruche, les gommes et résines, l'encens, la myrrhe, le copal, le benjoin, l'aloès, le sang-dragon, la girofle, le gingembre, le poivre, tout ce qu'on appelait jadis les parfums, les épices et les aromates. Je regrette mon peu de compétence en ces questions. Mais en disant ce que l'on sait, tout en taisant ce que l'on ignore, on fait au moins preuve de bonne volonté, et c'est à ce titre que je hasarde quelques détails pour le lecteur, s'il en est dont la patience a tenu bon jusqu'ici.

Le commerce du café est peut-être le principal, et il est presque tout entier entre les mains d'un Français, M. César Tyan, qui en expédie des quantités considérables en Europe. C'est de là que vient le moka, car la ville de ce nom a été depuis longtemps ruinée par Aden. Il y a, du reste, le café d'Arabie et le café d'Afrique.

Le premier vient de l'Yémen, de Moka, de Djedda, de Hodaida, de Lohaia, etc. Il arrive à Aden par mer ou à dos de chameau. Le café de l'Yémen est, d'après Nieburh, cultivé sur les collines, dans les jardins disposés en terrasses les uns au-dessus des autres.

Le caféier, *coffea arabica*, est, comme on le sait, un charmant arbrisseau de trois à quatre mètres de hauteur, à feuilles persistantes, glabres, oblongues et d'un vert foncé; les fleurs sont blanches, odoriférantes et réunies en faisceaux autour de la branche; quelques jours après leur épanouissement, elles sont remplacées par des fruits verts qui sont retenus par une queue très courte et qui, au bout de trois mois, commencent à blanchir, à jaunir, pour devenir enfin rouges comme de petites cerises. C'est le moment de la cueillette : le fruit mûr est détaché

Le café d'Arabie.

de l'arbre et desséché au soleil, et le péricarpe, enlevé dans un moulin à mains et en pierre (je parle de ce qui se fait en Arabie), laisse échapper les deux précieux grains que tout le monde connaît et apprécie.

Pour les semer, on retire le péricarpe, on mêle la graine à des cendres, et on l'arrose à l'ombre. La jeune plante est ensuite placée dans des lits préparés d'un sol riche et couverts de branches d'arbre pour la protéger contre le soleil. Après six ou sept semaines, les plantes sont soigneusement enlevées le soir, mises dans des paniers et transplantées près de l'eau. On les dispose en sillons, à une distance de deux ou trois pieds l'une de l'autre, et on les arrose tous les quinze jours. Dans l'Inde, sur les montagnes, où les pluies sont fréquentes, ces soins ne sont point nécessaires. Après trois ou quatre années l'arbre rapporte. Ce café se vend à Aden de trois à six piastres (15 à 30 fr.) les trente-cinq livres.

Le café d'Afrique vient du Harrar et du Kafa par l'Abyssinie, par Zeilah et Berbéra. C'est ce café que l'on vend aujourd'hui sous le nom de *moka-zanzibar*. Il est excellent, mais Moka n'y est pour rien, non plus que Zanzibar.

On a cru longtemps que le pays d'origine du café

est l'Arabie ; mais, depuis, on a dit que ce précieux arbrisseau est tout africain et que son nom même vient de Kafa, où on le trouve aujourd'hui partout. Ce qui est certain, c'est que le caféier croît à l'état sauvage dans une grande partie de l'Afrique : les missionnaires l'ont trouvé dans les forêts de la côte occidentale, et dernièrement encore les PP. Cado, Picarda et Machon ont rapporté de l'intérieur du Zanguebar des graines, des fleurs et des branches d'un arbrisseau qui est bien le caféier.

D'après une vieille histoire, les propriétés du café, avant d'être analysées par les princes de la science, auraient été trouvées par des chèvres. Celles-ci, chaque fois qu'elles broutaient certains arbustes et certaines graines, veillaient toute la nuit, sautaient, cabriolaient, deux fois plus gaies que de coutume ; un moine arabe ou peut-être abyssin, averti par le gardien de ce troupeau singulier, crut que ce qui était bon pour des chèvres ne serait point mauvais pour lui. Il essaya, fit essayer, et c'est ainsi que, de proche en proche, l'usage du café est passé des chèvres aux moines, et des moines à tout le monde. Ingratitude et partialité ! on n'a point cessé d'estimer les chèvres, et l'on dit que les moines ne sont bons à rien.

Les plumes d'autruche viennent du pays çomali,

surtout de Raz Hafouy, où l'on tue à la chasse un assez grand nombre de ces animaux. On distingue dans le commerce trois espèces de plumes dont la valeur est bien différente : les blanches, qui se vendent trois cents et quatre cents roupies la livre (de six à neuf cents francs); les brunes, qu'on a pour vingt-quatre à trente roupies; les noires, qui se cèdent pour quatorze et seize. Le commerce de plumes d'autruches, comme leur préparation, est presque tout entier entre les mains des juifs, qui s'entendent, au reste, mieux que personne à vendre comme intactes des plumes rapiécées en cent endroits, et comme blanches des plumes qu'eux-mêmes ont blanchies.

La préparation des plumes d'autruche, dont les juifs font grand mystère, consiste simplement à les débarrasser des matières huileuses. A cet effet, on les plonge dans l'eau de chaux et on les sèche ensuite dans une chambre ventilée.

Il a régné longtemps et il règne encore une assez grande confusion dans ce qu'on appelle gommes, résines, baumes, aromates, épices, etc. De plus, ces produits venant généralement d'Aden, on a cru, dans les temps anciens et parfois de nos jours, qu'ils étaient tous originaires de l'Arabie. Il ne serait donc pas sans utilité ni intérêt de savoir au juste à quoi s'en tenir sur quelques-unes de ces substances.

En réalité, on doit appeler *gomme* une excrétion de certains végétaux, comme les pruniers, les cerisiers, les acacias, etc., plus ou moins soluble dans l'eau et formant avec elle un mucilage inodore. Telle est la gomme arabique qu'on exporte d'Aden et qui est fréquemment employée dans la pharmacie, dans l'industrie et dans l'économie domestique. Elle vient surtout des pays comalis, où elle exsude, par suite d'incisions pratiquées par les indigènes, de plusieurs arbres du genre acacia [1].

Les *résines* dérivent aussi du règne végétal, mais elles sont insolubles dans l'eau, fusibles par l'action de la chaleur et combustibles. Ainsi en est-il du copal, improprement appelé gomme-copal, puisqu'il n'est pas gomme, mais résine. A Aden on le reçoit de la côte orientale d'Afrique, surtout du Zanguebar. C'est le produit de vastes forêts disparues de grands et beaux arbres qu'on nomme en kiswahili *msandarusi*, arbres à sandaraque, et dont il reste encore d'assez nombreux représentants. Cet arbre produit une substance résineuse qui, ensevelie depuis longtemps en terre, loin de toute influence

---

[1] *Ac. arabica, Ac. vera, Ac. tortilis, Ac. Ehrenberghii*, d'après le major Hunter.

atmosphérique, se durcit, prend une couleur jaune pâle, devient transparente et laisse fréquemment voir des corps étrangers qu'elle s'est assimilés lorsqu'elle n'était point encore solidifiée : ce sont des feuilles légères, des fourmis, des ailes de mouches, des insectes. Le copal sert à la préparation des vernis siccatifs.

Le sang-dragon est aussi une résine d'une couleur rougeâtre, d'une saveur astringente, quelquefois employée en médecine et servant à colorer certains vernis. Celui que l'on voit à Aden vient principalement d'un arbre (*Pterocarpus Draco*) qui croît, dit-on, sur les hautes collines de l'île Sokotra et des pays çomalis.

Par *gommes-résines* on entend, comme leur nom l'indique, des substances qui s'écoulent de certains végétaux et qui se composent à la fois de gomme et de résine. Tel est l'encens.

L'encens d'Aden vient encore du Çomal, où on le récolte sur le tronc de plusieurs arbres, dont le principal a été nommé *Boswellia papyracea* par les botanistes, et qui croissent généralement sur un sol de pierres calcaires. Son nom d'*oliban*, quelquefois employé, lui vient de l'arabe.

La myrrhe est encore une gomme-résine dont l'usage remonte, comme celui de l'encens, à la plus haute antiquité. C'est une substance qui arrive à Aden en morceaux irréguliers de la grosseur d'une noix, rougeâtres, demi-transparents, à saveur âcre et au parfum très agréable. Elle vient du Çomal et de l'Arabie, où on la recueille, d'après Hunter, sur deux arbres principaux, le *Balsamodendron myrrha* et le *Ehrenberghiam*. On l'appelle en arabe *mûr*, en çomali *mulmul*, en grec *murra*, en latin *myrrha :* c'est-à-dire que la myrrhe a le même nom dans toutes les langues.

L'aloès officinal, « sans lequel, dit un vieil auteur, il n'y a point de drogue parfaite, » vient de l'île Sokotra, et est pour cette raison appelé *sucotrin*. C'est un suc résineux qui n'est autre que le jus desséché des feuilles de l'aloès. La saveur en est très amère. Il est, comme on le sait, très employé en médecine et forme la base de presque toutes les pilules purgatives.

Le nom de *baumes* s'applique à des substances résineuses découlant par incision des végétaux, insolubles dans l'eau, inflammables et brûlant en dégageant une vapeur blanche d'une odeur pénétrante et aromatique due à la présence de diverses huiles essentielles. Tel est, par exemple, le benjoin, qu'on trouve également à Aden, mais qui vient des îles de la Sonde.

Ancienne mosquée de Sheikh-Osman, près d'Aden.

Le mot *aromates* a une signification plus générale : il désigne des substances qui répandent des odeurs plus ou moins pénétrantes, plus ou moins suaves, et qui sont employées comme médicaments, comme parfums et cosmétiques, ou comme assaisonnements : ces derniers sont aussi désignés sous le nom d'*épices*. Parmi les aromates, les uns, la plupart, sont tirés du règne végétal, tels que la cannelle, le girofle, le gingembre, le poivre, le curcuma, etc.; les autres sont fournis par le règne animal, comme le musc, l'ambre, etc. Toutes ces substances se trouvent à Aden, mais aucune n'est fournie par le pays même : elles viennent d'Afrique, des Indes ou des îles de la Sonde. Leur usage est fort ancien. Toniques et échauffantes, agréables, rares à cause de la difficulté des communications, ces productions furent autrefois très recherchées, très chères, et donnèrent lieu à un commerce considérable. Le monopole en a passé tour à tour entre les mains des Arabes, des Grecs, des Romains, des Égyptiens, des Portugais, des Hollandais, des Anglais. Alors, ces condiments ne figuraient que sur la table des riches; on en distribuait dans les noces, on les offrait en cadeaux aux juges et aux avocats, comme dans les campagnes de France on offre aujourd'hui des lièvres, et saint Louis se vit obligé de défendre à ceux qui rendaient la justice en son nom de recevoir pour plus de dix sous d'épices par semaine. Aujourd'hui les routes se sont ouvertes, les plantes aromatiques se sont multipliées, les monopoles ont disparu, et les peuples d'Occident ne se font plus la guerre pour une livre de poivre.

Au milieu de tant d'affaires, de tant de races et de tant de croyances, on comprend combien doit être faible la place laissée à la vérité, à la religion, aux préoccupations éternelles.

Cependant, ne fût-ce que pour prouver qu'elle est de tous les temps et de tous les lieux, la religion catholique, à Aden comme partout, a ses représentants. En 1840, Aden fut érigé en une préfecture apostolique qui fut confiée en 1855 aux RR. PP. capucins de la province de Toulouse. Ils ont aujourd'hui deux postes dans la presqu'île : l'un à Cratère, où une église a été bâtie en 1852, et l'autre à Steamer-Point, qui possède une chapelle depuis 1860. Les pères sont chargés de la paroisse catholique ; ils sont aumôniers des soldats irlandais qui sont en assez grand nombre, et ils dirigent une école d'enfants. Les sœurs du Bon-Pasteur, établies à Steamer-Point, sont là pour les seconder dans leurs travaux. Dernièrement, les missionnaires ont établi un orphelinat à Sheikh-Osman, et il va en être question. C'est le R. P. François, l'un des plus anciens, sinon le plus ancien résident européen d'Aden, qui dirige la préfecture. Dans une circonstance où il a dû faire appel à la charité publique, les *Missions catholiques*[1] ont publié son portrait et les lecteurs l'ont vu. Quand quelques-uns d'entre eux passeront à Aden, ils pourront le connaître mieux encore, et quelques minutes d'entretien avec lui suffiront pour leur inspirer une impression de cordialité sainte et touchante, qui les reportera au temps où vivait le bienheureux patriarche d'Assise.

Les protestants ont un temple à Steamer-Point depuis 1864, et un à Cratère depuis 1871. Les ministres, qui sont de la Haute-Église, ont l'aumônerie militaire et font peu ou point de propagande.

Par ailleurs, l'islamisme réunit dans une croyance à peu près commune tous les Arabes, tous les Çomalis et la plupart des Hindous. C'est la religion dominante.

En sortant de la ville d'Aden par le tunnel dont il a été parlé pour se diriger vers la terre d'Arabie, on arrive d'abord à cette partie de la colonie anglaise connue sous le nom d'Isthme (*Isthmus*). C'est une

---

[1] *Missions catholiques*, année 1883, p. 271.

plaine de sable, resserrée entre deux mers, basse, misérable, sans autre végétation que quelques herbes marines et souvent inondée par la marée montante. Une partie de ce terrain, la partie sèche, est utilisée pour l'exercice du tir au canon. Une autre partie, celle qui est périodiquement couverte par l'eau de mer, avait été jusqu'à présent abandonnée. Mais une compagnie italienne compte y établir des salines. Il est certain que, dans le monde entier, on pourrait difficilement trouver un endroit plus propre à ce genre d'industrie : de larges espaces inoccupés, un terrain plat, bas et sans valeur, une évaporation prompte sous ce soleil de feu, des débouchés faciles sur l'Europe, sur l'Afrique, sur l'Arabie et sur l'Inde, une main d'œuvre à bon marché, tout y semble réuni pour promettre un succès réel à ceux qui doivent tenter l'entreprise.

III

Au delà, à sept kilomètres environ du cratère, le terrain s'élève assez pour ne plus être envahi par la marée. On se trouve alors sur une immense plaine d'alluvion tombant en pente douce des montagnes de l'Yémen vers l'océan Indien.

A seize ou dix-sept pieds de profondeur, on rencontre une large nappe d'eau légèrement saumâtre, mais potable. Le stratum qui la porte paraît parallèle à la surface du sol.

Cette plaine, formée d'une glaise sablonneuse mêlée de coquillages et de gravier, retient l'humidité et est capable de culture.

C'est là que se trouve le village de Sheikh-Osman, qui, jusqu'en 1858, appartenait encore au sultan de la Hadj. Cette année-là, le gouvernement anglais, ayant senti le besoin d'agrandir l'emplacement de son ancien « dépôt de charbon », acheta le village au sultan, et depuis, en 1882, ce village ne suffisant plus, on a acquis les environs. Plus tard, on verra. En attendant le sultan de la Hadj ayant besoin d'argent, la main libérale de l'Angleterre sa voisine lui en donne tant qu'il veut, jusqu'au jour où, ses dettes égalant à peu près la valeur de ses terres, on se verra obligé de mettre définitivement la main sur la Hadj et les environs, vers le cœur du fertile Yémen. Car il est bien d'avoir Aden, mais qui contestera qu'il n'est pas mieux encore d'avoir avec Aden le pays qui l'alimente ?

Sheikh-Osman a dû être autrefois riche et peuplé, du temps de la gloire de la presqu'île. Ce qui le prouve suffisamment, ce sont les ruines d'un magnifique aqueduc, une antique et superbe mosquée, la présence d'une eau fertilisante dans le sous-sol, la tradition locale enfin qui garde le souvenir de jardins et de forêts aujourd'hui disparus sous les sables.

Mais, depuis longtemps déjà, Sheikh-Osman n'était qu'un misérable village, et le pays qui l'entoure un désert, lorsque, il y a trois ans, des troubles survenus parmi la population arabe d'Aden firent comprendre aux Anglais que le jour était venu de procéder à des mesures nouvelles, à une

Orphelinat de Sheikh-Osman (mission d'Aden).

épuration salutaire. Dès lors, chaque matin, pendant longtemps, arriva ou fut supposé arriver du gouvernement de Bombay un télégramme signalant tel ou tel numéro parmi les cases de la ville comme ayant à déguerpir au plus tôt : il fallait obéir, car la police était sur pied. Peu à peu, sans révolution, sans émeute, Aden se trouva ainsi expurgé de tous les éléments incommodes; et, sous la direction de l'administration qui assignait à chacun sa case et son terrain, le désert de Sheikh-Osman s'est trouvé peuplé de tout ce qui est sorti du Cratère.

Le village compte aujourd'hui dix mille habitants, Arabes, Çomalis et Hindous. C'est une série de cases assez convenables, bâties sur un modèle imposé et disposées en lignes sur de larges rues tirées au cordeau, où l'air circule librement et où la police veille à ce que la propreté règne. Au centre, s'ouvre une grande place : d'un côté le marché; près de là une fontaine, et, en face, la mosquée.

Aux environs, le gouvernement fait des concessions de terrain à qui en demande. Et déjà des Banians, des Parsis, des Arabes même ont fait des essais de culture qui ont réussi. Mais, dans ce genre, le grand succès de Sheikh-Osman appartient aux pères capucins, et le jour où le gouvernement de S. M. B. voudra récompenser les colons de ce désert, c'est à la robe de Saint-François qu'il devra attacher sa médaille.

Donc, il y a trois ans, mettant à profit quelques épargnes, le P. François voulut essayer un orphelinat agricole près de Sheikh-Osman, à neuf kilomètres environ du Cratère, et il se fit concéder à cet effet un terrain suffisant. Là, secondé par l'ardeur intelligente du F. Roger, il eut bientôt fait de bâtir une maison convenable. Hélas! elle allait être achevée, lorsque les pluies torrentielles étant survenues sur la maçonnerie encore fraîche, une nuit les murs tombèrent et le travail de plusieurs mois fut perdu. Tout était à refaire.

Le courage ne manquait pas; c'était l'argent. On s'adressa donc comme toujours à la charité publique, et comme toujours la charité publique répondit. Les lecteurs des *Missions catholiques* ont donné à cette époque deux mille francs moyennant lesquels on a pu, sinon achever, du moins recommencer sur un plan nouveau la maison détruite et tracer devant elle un beau jardin : la main habile du F. Vérance y a déjà, à l'heure actuelle, fait pousser des légumes qui, pour le pays, sont un succès réel, presque une merveille. Dans un angle du jardin, un puits a été profondément creusé et une noria installée. Matin et soir, un chameau fait fonc-

Une trombe de sable.

tionner le mécanisme, et une chaîne sans fin, à laquelle sont fixés des godets, amène l'eau du sous-sol dans un bassin, d'où elle passe en de petits canaux habilement distribués et va répandre sur ce coin du désert la vie et la verdure, presque la fertilité.

C'est un bon exemple donné non seulement aux pauvres habitants de Sheikh-Osman, non seulement aux Arabes et aux Européens d'Aden, mais encore et surtout aux enfants de toute race et de toute provenance que les Pères élèvent et auxquels ils inspirent le goût d'un travail intelligent en leur en montrant les fruits. Encore quelques années, et, pour peu qu'on imite cette heureuse expérience et cette belle leçon, le désert qui s'étend aux portes d'Aden sera couvert d'arbres et d'arbustes, de villages et de villas, qui rendront presque agréable le séjour de ce pays longtemps maudit des voyageurs et qui attireront peut-être des pluies moins rares sur la presqu'île elle-même.

J'avais trois semaines à passer à Sheikh-Osman en attendant le bâtiment anglais qui devait m'emporter vers Zanzibar. A l'abri de toute préoccupation, de tout souci, grâce à la fraternelle hospitalité qui m'était donnée sous le toit récemment élevé par ce cher et excellent F. Royer, que le bon Dieu devait appeler à lui quelques mois après, j'étais heureux de profiter de cette sorte de congé pour jouir en passant du désert et essayer un peu de la vie des ermites.

Le désert! Ce mot ne suffit-il pas pour éveiller à lui seul tout ce que l'esprit peut imaginer de plus triste sur terre, de plus désolé, de plus vide? Eh bien! non, le désert n'est pas cela, du moins le désert de Sheikh-Osman.

Il a déjà été fait mention du nouveau village indigène, de ses cases, de ses rues. L'ancien n'était pas là; mais de celui-ci il reste peu de chose, excepté quelques vieilles maisons en terre et, en face, une mosquée qui ne manque ni de caractère ni de grandeur. Elle est en briques sèches; quelques-uns de ses murs sont couverts d'un lait de chaux, pendant que l'aspect terne des autres se marie à la couleur du sol et fait mieux ressortir l'éclatante blancheur des minarets. Quelques pèlerins la fréquentent exceptionnellement; mais, pour les prières de chaque jour, on se rend à la mosquée du village.

Près de là commence l'aqueduc construit par le gouvernement anglais pour alimenter de l'eau nécessaire la garnison et la population de la ville. Il longe la route qui mène à Aden et porte au loin

Le simoun.

l'eau potable du sous-sol, élevée et chassée par un mécanisme toujours en travail; la somme énorme que ce canal a coûté se paye avec le prix de l'eau qu'il fournit.

Les anciens maîtres du pays avaient fait mieux encore : ils avaient construit un canal en pierres à deux compartiments qui devait amener l'eau dans la presqu'île jusque des montagnes de l'Yémen. C'est dans ces derniers temps qu'on a trouvé les restes de ce travail cyclopéen enfouis à plusieurs mètres sous le sable. On en tire aujourd'hui les pierres pour les faire servir aux constructions nouvelles. Près de là, M. G. Revoil a récemment découvert les traces d'une verrerie antique.

Ailleurs il y a peu à voir. Aux environs, des essais de culture, de maigres plantations de sorgho, une briqueterie, quelques maisons de campagne au milieu de jardins isolés; en dehors de là le désert.

Il y a peu à voir, et cependant plus on voit cette nature, plus on s'y attache et plus on l'aime; car c'est la grandeur, c'est l'espace, c'est l'infini. Et en contemplant ici ces trois océans voisins, un océan de sable et un océan d'eau sous un océan d'air, qui ne se sentirait élevé au-dessus de ces petites régions tumultueuses où l'espèce humaine, comme une fourmilière dont le bâton d'un enfant vient de troubler la paix, se démène, s'agite, se roule, se bat, se mord à travers ses champs en damier, ses jardinets et ses maisonnettes? Ici, on est libre enfin. Ici, en s'apercevant combien on est petit, on voit combien le Créateur est grand. Et voilà pourquoi saint Paul, saint Antoine, saint Pacôme et tant d'autres aimèrent si passionnément leur désert. Ils y trouvaient mieux leur âme et leur Dieu que partout ailleurs.

Mais à quoi comparer le désert? Je l'ai dit après beaucoup d'autres, à un océan, à une mer de sable qui aurait été tout à coup solidifiée pendant une violente tempête. Là, comme sur mer, le souffle capricieux du vent dessine de molles ondulations de poussière et soulève des vagues faites de sable fin comme les autres sont faites de gouttes d'eau. Il les agite, il les tamise, il les façonne, il les retourne, il les détruit pour les refaire encore : on dirait un esprit qui s'amuse. Mais quand enfin il se repose, ces dunes ainsi formées présentent toujours des contours si moelleux ou des angles si finement coupés qu'on les croirait taillés par la main d'un artiste; et leur surface est en même temps si polie et si mobile que le plus petit insecte y laisse sa trace en passant. Çà et là, comme des algues sur l'eau, des plantes d'un vert foncé se traînent sur le sable jaune, des arbustes rabougris et épineux, en forme d'îlot, projettent l'ombre épaisse et mobile de leurs têtes sur l'éclat miroitant des efflorescences salines, et, au loin, des troncs de palmiers qui surgissent ressemblent aux mâts d'une flotte engloutie. Ailleurs quelques carcasses blanchies d'animaux abandonnés paraissent errer comme des épaves, et, pour faire la ressemblance plus complète, des caravanes, pareilles à des navires en marche, traversent ces longs espaces en soulevant la poussière.

Du reste, cette mer aussi a ses orages, ses phénomènes.

Il est une saison de l'année surtout, où le vent souffle avec une persistance inaccoutumée et soulève un sable travaillé, tamisé depuis des siècles et si fin qu'il pénètre partout, dans les habitations les mieux closes, dans les vêtements, dans la bouche. On l'avale, on le respire. Alors, pendant que le soleil pâlit, la chaleur devient accablante, et le malaise qu'on ressent paraît s'associer à celui de la nature en souffrance, dont les bouffées saccadées sortent de son sein comme la chaude respiration d'un malade que la fièvre dévore. C'est le *simoun*.

Quelquefois, mais ce phénomène est rare en Arabie, les vents, au lieu de souffler d'un seul côté, accourent de directions différentes. Ils se rencontrent, ils luttent, ils se heurtent avec violence, et parfois la mêlée devient terrible. Alors, les sables soulevés sont aspirés en masses énormes qui tournoient sur elles-mêmes, s'allongent, se tordent, sifflent, mugissent, comme autant de serpents gigantesques qui se dresseraient tout à coup dans une agonie furieuse pour retomber ensuite dans le calme de la mort. Ces *trombes de sable* durent peu ; mais malheur à ce qu'elles trouveraient sur leur passage ! Arbres, chameaux, voyageurs, tout serait emporté dans les airs, rejeté violemment sur terre et peut-être englouti pour jamais.

Un autre phénomène particulier aux déserts et dont tous les voyageurs font mention est celui du *mirage*. Ce sont tantôt des rochers, tantôt des arbres, des animaux, des bâtiments, des villes, dont les images paraissent debout, renversées, multipliées suivant les cas, mais presque toujours au-dessus d'une couche d'air horizontale, parallèle au sol, de chaleur plus grande et de densité moindre, qui ressemble à une large nappe d'eau dans laquelle ils semblent se *mirer*. Les yeux les mieux exercés peuvent être trompés. Voici au loin des palmiers qui se reflètent dans un lac. Est-ce illusion, est-ce réalité ? Si l'on ne connaît pas le pays, il sera souvent impossible de répondre d'une manière assurée. Le voyageur qui veut voir, celui surtout que la fatigue accable, que la soif dévore, ira donc en avant, pressera sa marche, et que trouvera-t-il? Les mêmes palmiers se reflétant toujours plus loin dans le même lac. Tous les traités de physique donnent au long l'explication du *mirage*.

Ainsi apparaissent Sheikh-Osman et la plaine qui l'environne : de larges espaces inoccupés, un sable jaune et fin maintenu cependant en certains endroits par une assez forte portion d'argile, çà et là de petits monticules, des herbes rampantes, des touffes de buissons sous lesquels se cachent les lièvres, des arbustes rabougris; ailleurs des palmiers de la Thébaïde tantôt isolés, tantôt réunis en assez grand nombre pour former une sorte de claire forêt; de loin en loin un puits à la forme primitive, comme dut être celui dans lequel Joseph fut descendu par ses frères; et, pour achever le tableau, des nuées de corbeaux dans le ciel, de longues files de chameaux sur les sentiers; avec cela, quand le jour fuit, un superbe soleil à l'horizon, rouge, énorme, cachant ses rayons pour se laisser mieux voir, et laissant derrière lui, dans le ciel immense et sans nuages qu'il vient de parcourir, des teintes si belles, si légères, si douces, si admirablement fondues, que l'œil, les voyant à regret insensiblement disparaître, voudrait pouvoir les fixer pour toujours sur ce grand tableau que, à chaque instant, la main de Dieu couvre d'un nouveau et resplendissant paysage.

Voilà le désert : il a son horreur, mais il a ses charmes.

La Hadj se trouve à vingt-cinq kilomètres environ de Sheikh-Osman. Un jour une excellente occasion se présenta pour y aller : j'en profitai.

Nous étions trois, un jeune Français d'Aden, parlant bien l'arabe, le P. Roger et moi ; cinq petits Çomalis nous accompagnaient, les meilleurs marcheurs de l'orphelinat. Le plan dressé, les provisions faites et les ânes prêts, un soir nous partîmes.

La belle soirée et la belle nuit !

Pas un nuage au ciel, pas un bruit sur terre. La lune, qui parut bientôt, semblait porter entre ses cornes argentées l'éclatante étoile du berger, et répandait à nos pieds cette clarté mystérieuse et amie qui invite si doucement et si fort à rêver et à chanter. Aussi, quand on voyage la nuit dans le désert, instinctivement personne ne parle : on rêve ou on chante. La tête des arbustes, arrondie et étendue en forme de parasol, se laissait mouvoir

Le désert.

légèrement par la brise et donnait au paysage une expression nouvelle : on eût dit le désert assoupi et respirant, qui se faisait éventer pendant son sommeil, comme les riches personnages de l'Orient. De temps à autre, un renard surpris passait en courant, sa large queue balayant le sol, à travers la route incertaine que suivaient nos montures.

Enfin, plus nombreuses et plus rapprochées les unes des autres à mesure que nous avancions, des caravanes nous croisaient se dirigeant vers la ville. C'étaient de pauvres montagnards qui descendaient de l'Yémen et s'en allaient porter les provisions nécessaires à l'alimentation d'Aden et de Steamer-Point : de l'herbe, du bois, des grains, du café, des fruits, des poules, des chèvres, des moutons. Plusieurs de ces Arabes allaient à pied ; mais plusieurs étaient sur leurs chameaux, où ils dormaient aussi paisiblement qu'un enfant dans son berceau. Dans toutes ces caravanes cependant il y avait quelqu'un qui veillait et qui chantait ; et cette chanson, toujours différente, semblait toujours être la même, toujours languissante, toujours monotone, mais d'une langueur et d'une monotonie charmante, parce qu'elle s'harmonisait admirablement avec la nature. A celui qui chantait, d'autres répondaient, et il y avait dans tout cet ensemble quelque chose de si naturel, de si mesuré, de si beau, de si vraiment oriental, que l'on ne pouvait s'empêcher de préférer ce spectacle et ce concert à tous ceux, plus riches et plus bruyants, que la vie « civilisée » aurait, à la même heure, voulu nous offrir.

Quelquefois, c'était une seule famille qui cheminait ainsi ; et, par cette nuit magnifique et sur cette étendue sans fin, ce n'était pas le cas le moins curieux. Qu'on se le figure : d'abord un chameau, grand, efflanqué, mal bâti, drôle et bête, comme ils le sont tous ; sur son dos, une sorte de lit mis en travers ; sur le lit trois ou quatre femmes, sans compter les chèvres, accroupies et disant à demi-voix leur chanson ; en bas, conduisant le tout et suivant le pas de sa bête en trottinant, un homme, le chef de la famille, répétant d'un ton grave le refrain, un refrain de deux mots, de la chanson que ses femmes, de là-haut, jetaient discrètement dans l'immensité du désert. Encore une fois, tout cela est beau, parce que cela reporte l'esprit aux âges de la vie patriarcale, qui fut la vraie vie.

Vers minuit, nos pauvres ânes ayant besoin d'un peu de repos, et nous aussi, on s'arrêta.

Dans ces pays de sable que, pendant le jour, l'ardeur du soleil dévore, mais où, la nuit, nuls

Palais du sultan de la Hadj.

miasmes fiévreux ne s'exhalent, il est facile de se trouver un lit : c'est le lit du lézard.

Sur la pente d'une de ces petites collines formées par les vents et surmontées d'un arbuste qui la couvre de sa tête large et élégante, chacun de nous s'étend dans une couverture, se creuse dans le sable fin un gîte qui prend la forme de son corps, et, tout en laissant s'exhaler vers Dieu « notre Père » une prière qui sort spontanément du cœur de l'homme sous un ciel si vaste, si brillamment éclairé et si beau, on s'endort doucement ; pendant que les chants des derniers voyageurs qui passent, devenant plus rares, devenant plus faibles, devenant plus doux, le silence couvre de sa majesté sereine toute cette nature ensevelie dans un même repos.

Deux heures après, un signal convenu se fait entendre : tout le monde se lève, car il faut profiter de la nuit pour voyager, et la petite caravane se remet en marche.

Sur les trois quarts de ce parcours, l'aspect du pays est presque constamment le même : du sable, de petites élévations, des herbes appartenant pour la plupart à la famille des soudes (*salsola*), des arbustes épineux, quelques palmiers *doums*. Mais, à mesure qu'on avance, la végétation devient plus abondante, plus verte, plus riante.

A quelque distance de Sheikh-Osman, on rencontre d'abord une ligne de petites colonnes en pierre : c'est la limite des possessions anglaises. Peu de jours avant notre passage, ce terrain avait été le théâtre d'un drame sanglant. Sept Arabes d'Aden avaient eu des querelles qui étaient graves, paraît-il, ou qu'ils jugeaient telles, si graves qu'on avait résolu de les trancher à coups de dagues recourbées que tout bon enfant du prophète porte toujours à la ceinture. Mais, comme on ne pouvait se battre sur le territoire anglais, on s'en alla à la frontière, et là, trois contre quatre, chacun satisfit si bien à ses rancunes, que, le lendemain matin, les sept *héros* furent trouvés sur le lieu même, baignés dans leur sang. Le procès était fini !

A mi-chemin à peu près, le sultan de la Hadj a fait bâtir quelques huttes en briques sèches, où des soldats gardent les provisions que les caravanes destinent à Aden et qu'elles laissent parfois dans ce dépôt. Ailleurs, sur le désert, des tours rondes s'élèvent : ce sont des postes d'observations pour surveiller les contrebandiers.

Plus loin, se trouve le village de Moballah, où le sol déjà fertile est couvert de plantations de maïs, de sorgho, de légumes de toutes sortes. De beaux palmiers élèvent au-dessus des champs cultivé

La nuit au désert.

leurs têtes gracieuses, de vertes broussailles ombragent les chemins poudreux, un énorme figuier couvre l'entrée du village. Nous avançons : deux petits garçons qui s'en vont à l'école, le Coran sous le bras, des femmes qui reviennent de puiser de l'eau, de vieux patriarches, qui prennent tranquillement au seuil de leur maison l'air frais du matin, regardent sans trop d'émotion passer les infidèles, et plusieurs poussent même la courtoisie jusqu'à répondre à leurs *salams*.

Au-dessus de Mohallah le désert a décidément cessé, et, quand on arrive en face de la Hadj, on se sent tout à fait, mais non sans un certain étonnement, dans l'*Arabie heureuse*. Il est donc vrai ! si près de cette fournaise embrasée qui s'appelle Aden et dont on aperçoit encore à l'horizon les bords rougeâtres et ébréchés, il est donc vrai et l'on ne nous a point menti, il y a de l'herbe verte, des fleurs, des fruits, des arbustes, des arbres, des jardins, des champs, des forêts ! Les voilà.

La ville de la Hadj est considérable, et son aspect très pittoresque. En avant et à droite, s'élève le palais du sultan construit dans le goût oriental, tout en briques; mais une partie seulement est couverte d'une blanche couche de chaux. A côté, une mosquée, un agréable bosquet ; plus loin, des jardins où poussent tous les arbres et où se recueillent tous les fruits des pays chauds. A gauche du palais, la ville, et derrière, très loin, formant le fond du tableau, les sommets élégamment découpés des roses montagnes de l'Yémen. Tout autour, des trous larges et profonds indiquent que de là la ville est sortie ; car elle est entièrement bâtie de briques épaisses, que, pour la plupart, on s'est contenté de faire cuire au soleil. Comme dans toutes les cités arabes, les rues sont sales, mal entretenues, couvertes d'ordures et de fumier. De l'autre côté s'étend le cimetière, où les tombeaux, blanchis à la chaux et tous à peu près construits dans le même style, marquent l'endroit où les fidèles croyants dorment leur sommeil.

L'hospitalité nous fut donnée à la Hadj avec une libéralité patriarcale dans la propriété d'un ami du P. François, Hassan Ali Bey, riche Arabe d'Aden et consul de l'empire ottoman. La maison était occupée ; mais on s'installa, simplement et largement, dans le jardin près d'un puits et sous le toit de feuillage d'un énorme manguier.

La population, du reste, ne paraît pas hostile aux Européens. Elle se compose en grande majorité d'Arabes. Mais parmi eux il y a quelques Çomalis, qui vivent là comme partout pauvres et libres, et un assez grand nombre de Waswahili de Zanzibar, qui sont esclaves.

Le costume de tout ce monde, excepté celui des esclaves, est à peu près le même : ce sont des vêtements flottants, qui ne sont parfois que des guenilles, mais dans lesquels le plus misérable se drape avec une élégance et une dignité qui font penser à Cincinnatus ou à Scipion.

Chose singulière et capable de donner à réfléchir à un philosophe, qui n'aurait point d'autre sujet de réflexion ! Comment se fait-il que les peuples européens, qui paraissent avoir le sens artistique plus développé que tous les autres, soient cependant ceux qui, de tous, sont le moins artistement habillés ? Car enfin, qu'y a-t-il de plus drôle, de plus laid, de plus ridicule, de plus niais qu'un bonnet de coton, par exemple, un petit chapeau rond, une large casquette, même un grand chapeau haut de forme, en face d'un simple turban ? qu'un gilet, une veste courte ou longue, un pantalon ample ou collant, quand on les compare à un vêtement oriental ?

Mais où le problème se complique singulièrement, c'est lorsque l'on pense que des hommes et des femmes d'Occident ont, depuis des siècles, passé les soixante ou soixante-dix années de leur vie à s'habiller, à se déshabiller, à se regarder, à poser, pour trouver une mode nouvelle, et que, en fin de compte, ils n'ont abouti qu'à se mettre, eux et leurs semblables, dans un ridicule fourreau.

Il y a plus : on s'aperçoit que ces façons de se couvrir sont inadmissibles, et on les garde.

On s'en aperçoit : quand un grand homme est mort et qu'on a décidé de l'habiller pour le faire poser en bronze ou en marbre sur une place publique, quel est l'artiste qui osera lui donner le costume qu'il portait de son vivant? S'il le faisait, ses concitoyens ne pourraient s'empêcher de faire cercle autour de leur héros pour rire de son accoutrement. Il faut donc qu'on le drape, qu'on dissimule ses pantalons, qu'on cache cet habit *à la française* qu'il porta dans les circonstances les plus solennelles de sa vie, qu'on lui ôte son chapeau.

Or, si le pantalon est trop vulgaire pour figurer sur une place publique, pourquoi le pantalon, inventé par les Scythes, a-t-il peu à peu fait le tour du monde, et, après avoir été adopté par les peuples européens, pourquoi se retrouve-t-il aujourd'hui sur toute les latitudes et menace-t-il de devenir universel?

L'Académie seule, en proposant cette question avec l'espérance d'un prix, est capable de provoquer une réponse.

Quoi qu'il en soit, l'habit européen, neuf ou troué, est misérable; l'Arabe, lui, peut n'avoir que des guenilles, mais il est toujours drapé, et il est toujours beau.

Au delà de la ville de la Hadj s'étendent les campagnes cultivées et fertiles. Une rivière qui descend des montagnes lointaines passe par ce pays et l'arrose; mais, cette année et à cette saison, son lit était à sec. La raison nous en fut donnée : il y a dans les environs cinq ou six petits sultans, et, d'après un arrangement mutuel, la rivière est détournée et passe tantôt chez l'un, tantôt chez l'autre. Au reste, des puits profonds ont été partout creusés, et les pluies sont fréquentes.

Après avoir assez longtemps erré dans les champs, dans les bananeries, le long des sentiers, vers les montagnes, il fallut enfin songer à partir.

Nous étions entrés bien paisiblement à la Hadj, et c'était à peine si quelques curieux nous avaient remarqués. Il n'en fut point de même en sortant. Mes compagnons de route ayant pris les devants, j'étais resté un peu en arrière pour essayer de dessiner quelques croquis en ville. Or, au moment où je passais devant une case, on m'adressa de l'intérieur le salut arabe; sans y penser, je réponds en *kiswahili*, la langue du Zanzibar. Aussitôt, comme si j'avais touché un ressort électrique, cinq ou six figures noires et épaisses, surmontées d'une chevelure crépue, sortent toutes épanouies, toutes rayonnantes.

La conversation s'engage, on se questionne, on se répond, on rit, on s'admire, et, au bout de quelques minutes, j'étais entouré de tous les esclaves du quartier. C'était la première fois que depuis leur séjour en Arabie ces pauvres gens entendaient un étranger leur adresser la parole dans la langue de leur pays. Je dus m'éloigner au plus vite. On m'aurait peut-être porté en triomphe, et qui sait? le sultan de la Hadj aurait pu se croire obligé d'appeler aux armes pour chasser l'infidèle et sauver son trône !

Pauvres gens !

Lorsque Marco-Polo passa par là, il les vit aussi, et il en a laissé le portrait :

« Les gens du Zanghebar sont grands et gros, mais ne sont pas si grans comme ils sont gros ; car je vous di qu'ils sont si grans qu'ils ressemblent jayans (géants), et sont si forts que l'un porte bien la charge de quatre autres hommes, et menguent bien autant que cinq autres hommes. Et si sont touz noirs et vont touz nus, fors de leur nature que ils enevrent. Ils ont les cheveux crespés et noirs si

Enfant allant à l'école.

comme poivre. Et si ont si grans bouches et le nez si rebiffé et les lèvres si grosses, les ieus si grans et si esroilliez et si rouges qu'ils semblent tuit diables; et sont si hideux et si laiz qu'ils semblent la plus horrible chose du monde à veoir... [1] »

Le lendemain, je rejoignis Mgr de Courmont resté à Steamer-Point, et, dix jours plus tard, après une navigation heureuse à bord du *Mekka*, Sa Grandeur bénissait pour la première fois « les gens du Zanghebar », dont les corps, Marco Polo dit vrai, « sont noirs si comme poivre, » mais dont les âmes, longtemps abandonnées, doivent être enfin blanchies à leur tour dans le sang du Rédempteur!

[1] *Marco Paulo*, Édit. Pauthier, ch. clxviii.

LE LONG DES CÔTES

I

La mousson du sud va toucher à sa fin. Assez forte pour nous pousser devant elle pendant un mois et davantage, elle expirera doucement aux premiers jours de novembre, et, après une semaine de calme, la mousson du nord commencera à souffler à son tour et nous ramènera peu à peu au point d'où nous étions partis. C'est ainsi du moins que se sont comportés les vents depuis que la terre tourne et qu'existe la mer des Indes. Il est à croire que, cette année encore, l'ordre sera maintenu.

Le moment de partir, longtemps attendu, est enfin arrivé. Partons.

Il s'agit de longer toute la côte nord du Zanzibar jusqu'à Lamu et au pays çomali, de s'arrêter dans les principaux centres, d'entrer dans les baies et les ports, de reconnaître l'embouchure des fleuves, de se procurer des renseignements sur les pays et les populations de l'intérieur, de voir en un mot si, quand et comment il serait possible d'étendre de ce côté aussi le royaume de Dieu et de son Christ. Car c'est là notre métier de missionnaire : une fois parti, on ne se repose plus que dans la mort.

Pour cette exploration d'un genre nouveau, il y a le *Salama*[1]. C'est un de ces petits bâtiments particuliers à la mer des Indes, plus ou moins laids et plus ou moins lourds, que les Français de ces pays connaissent sous le nom de *boutres*, mot que l'Académie n'a point inscrit et qui vient sans doute

---

[1] Dans le but de se rendre compte d'une partie intéressante et peu connue de son vaste vicariat, Mgr de Courmont a fait, en septembre et octobre 1887, un voyage d'exploration à bord du *Salama*, qui appartient à la mission.

La compagnon de voyage de Mgr de Courmont a dû tenir le *Journal du bord*. C'était Mgr Le Roy.

Les pages qui suivent sont un relevé de ses notes. On les a données complètes à cause des détails géographiques qu'elles peuvent offrir à ceux qu'intéressent les choses africaines.

L'orthographe dont on s'est servi, pour la transcription des noms du pays, est celle indiquée par la *Société de Géographie de Paris* et dernièrement adoptée par le ministère de la marine.

U, se prononce *Ou* ;
G, toujours dur, n'a jamais le son de *J* ;
S,   —   n'a jamais le son de *Z* ;
T,   —   n'a jamais le son de *S* ;
Y, consonne, se prononce comme en anglais dans *yes* ;
W,   se prononce comme en anglais dans *well.*

Il n'y a point de sons nasaux : *Kingani* se dit *Kinngani*, etc...
(Note de l'éditeur.)

du swahili *huti*. Calfaté récemment, bien huilé, bien graissé, pourvu d'une voile de réserve, riche de cordages tout neufs, le capitaine affirme que le *Salama* fera son chemin, « si Dieu le permet. »

De plus, une embarcation solide, gréée tout exprès d'un gouvernail, d'un mât, d'une voile et de deux rames, nous promènera dans les baies, les anses et les rivières où le boutre ne pourrait entrer.

Nous avons une boussole, des cartes marines.

Les provisions sont faites, et le cuisinier est à son poste.

Enfin l'équipage est prêt : un capitaine, six matelots et un mousse.

Nous-mêmes avons par quelques exercices appris les rudiments du métier, et, si nous sombrons, ce sera dans les formes.

Partons.

Nous voici en rade de Zanzibar, et, comme il faut être complet, ce serait le cas de parler un peu de cette ville et de cette île dont le nom, presque ignoré naguère, est aujourd'hui connu partout, même des journalistes.

Ile et ville sont appelées par les indigènes *Ungu-dya*, mot sur la signification duquel

Grammatici certant, et adhuc sub judice lis est.

Les Arabes lui ont donné le nom de *Zengebar*, qui vient des deux mots *Zendj*, noir, et *Bara*, continent, pays.

A leur tour, les Européens sont venus. Et comme les uns disaient Zanguebar et les autres Zanzibar, les géographes, en hommes qui connaissent leur affaire, ont établi que ZANZIBAR est l'île et la ville, et ZANGUEBAR le continent d'en face.

Quoi qu'il en soit, lorsque d'Europe on arrive en vue de cette terre après avoir longé les côtes brûlées de l'Égypte, de l'Arabie et du Somal, on est surpris et réjoui de se trouver tout à coup en présence de tant de verdure.

L'île s'étend à vingt-cinq milles environ de la côte sur une longueur de quatre-vingts kilomètres et une largeur approximative de vingt ou trente. Elle repose sur un banc de madrépores et de coraux qui fournit à la fois la chaux, une chaux excellente, et la pierre à bâtir. Le sol est formé de sable, d'humus et, dans les parties hautes, d'une terre rouge, semblable à celle du continent. Du nord au sud, court une chaîne de collines dont la plus élevée n'atteint pas cent cinquante mètres, mais qui sépare irrégulièrement l'île en deux parties bien distinctes.

A l'ouest, la couche de terre est relativement profonde et arrosée d'un grand nombre de cours d'eau. C'est là qu'on trouve, dans les bas-fonds, la canne à sucre, le bananier, le riz, divers légumes ; plus haut, des champs de manioc, de patates, de haricots, de sorgho, de maïs ; sur les collines, des plantations régulières de girofliers ; et un peu partout, groupés en bosquets naturels ou disséminés au hasard, des manguiers à la tête puissante, des cocotiers tordus par les vents, des arêquiers, des jaquiers, des orangers, des citronniers, des ananas, tout, excepté cependant ce précieux arbrisseau dont la graine, plus que les traités de géographie, a fait connaître Zanzibar à Paris : « Moka-Zanzibar ! » Hélas ! il n'y a plus de moka à Moka, et à Zanzibar il n'y en a jamais eu.

L'autre versant de l'île, exposé aux vents du large, est au contraire desséché, rocailleux et presque inculte. C'est là que les essences primitives, les mêmes que sur le continent, se sont presque toutes réfugiées. C'est là que vivent les sangliers, les singes, les gazelles. Et c'est là que, avec tous ces hôtes des temps anciens, se sont aussi peu à peu retirés les premiers habitants de l'île descendus, disent les vieilles chroniques, de quelques pêcheurs de la Grande-Terre. Ils sont connus sous le nom de *Wahadimu* ou *Serfs* ; et depuis que leur chef est mort à Dunga, ils dépendent directement du sultan de Zanzibar.

Les saisons sont réglées par les moussons : à la fin de la mousson du sud (novembre-décembre), commence une première et faible saison des pluies, le *mvuli;* et lorsque, en avril, a lieu le renversement de la mousson du nord, arrivent les grandes pluies ou *masika*. Elles durent environ quarante jours.

Mais toute l'année il y a beaucoup de vapeur d'eau dans l'air. La moyenne de la température est de 26°, variant entre 20° et 32° centigrades.

Les maladies les plus communes sont les fièvres, simples et pernicieuses, les ulcères, la dysenterie, l'hépatite, l'ophtalmie, la variole, l'éléphantiasis, etc. En somme, Zanzibar n'est pas un pays malsain, plus malsain du moins que la plupart des contrées intertropicales. Mais il y a une différence marquée à l'avantage de la première entre la ville et la campagne.

Zanzibar est, comme on le sait, une colonie arabe.

Connue de bonne heure par les émigrants du golfe Persique et les Swahilis du nord qui vinrent se mêler à l'élément indigène, le dominer et le refouler, cette île fut d'abord gouvernée par un *scheik* ou *ancien*.

Plus tard, après que Vasco de Gama eut doublé le cap de Bonne-Espérance, les Portugais y firent, en 1503, reconnaître leur suzeraineté et y établirent même une mission de religieux augustins.

Mais deux cents ans plus tard, après des luttes perpétuelles où les succès balançaient à peine les revers, ils furent définitivement chassés par l'iman de Mascate, souverain spirituel et temporel de l'Oman.

A cette famille des imans appartenait Sèyid Saïd. Quand il mourut, en 1856, son fils Sèyid Madgig se déclara indépendant de l'autorité de Mascate, et c'est dans ces conditions heureuses que Sèyid Bargash, son frère, lui a succédé en 1870. Depuis, pendant que les Arabes continuent à l'appeler prince (*Sèyid*) et les noirs maître (*Bwana*), les cours européennes l'ont reconnu souverain ou sultan, et ont envoyé près de lui leurs consuls.

Sèyid Bargash est un beau type d'Arabe. Agé d'environ cinquante ans, grand, fort, droit, vêtu sans prétention, simple et distingué dans ses manières, il fait toujours bonne impression sur les étrangers qui l'approchent. La mission catholique a longtemps été heureuse des rapports qu'elle a eus avec lui. Mais dans ces dernières années, trompé dans ses espérances, obligé d'abandonner à l'Allemagne le sud du Zanguebar et le nord à l'Angleterre, tous les jours menacé de nouveaux malheurs, on comprend que Sèyid n'ait plus de faveurs, — faveurs forcées, — que pour l'Européen qu'il redoute.

Sèyid Bargash a des secrétaires, des agents, des hommes d'affaire, des serviteurs, mais peu de conseillers et pas de ministres : l'État, c'est lui.

Une armée régulière de deux mille hommes, organisée par un officier anglais, et une troupe d'irréguliers, Arabes, Bélutchis et noirs, constituent ses forces militaires. De nombreux canons dorment aux environs du palais, et un navire de guerre, sur rade, répond aux saluts des amiraux et des commandants qui passent.

Ses revenus proviennent surtout des douanes de Zanzibar et des villes de la côte, des taxes particulières, de ses nombreuses campagnes. Il a aussi une douzaine de vapeurs qui font le service et le commerce entre Zanzibar et la côte, et Madagascar, et Bombay et même Calcutta.

Le port de Zanzibar est protégé par un grand nombre de bancs et d'îlots, qui laissent trois passes principales aux grands navires : celle du nord, celle du sud et celle de l'ouest.

Son importance commerciale n'a d'égale, sur cette

côte, que celle de Port-Natal. Trois compagnies, une française, une anglaise, une allemande[1], y ont établi un service régulier de paquebots; plusieurs navires de guerre et de commerce y séjournent ou y passent, et de nombreux boutres y entretiennent un mouvement considérable qui s'étend depuis Madagascar jusqu'à Bombay et Calcutta.

Pendant longtemps, — ce longtemps comprend des siècles, — le principal article de la place fut l'homme, l'esclave : on le tirait surtout du sud, de cette partie comprise entre le bassin du Rufidyi et celui du Ruvuma, et on l'expédiait à Pemba, à Pangani, à Tanga, à Mombasa, à Malindi, à Mambrui, à Lamu, au Gomal, en Arabie, en Perse, partout. La traite publique n'a cessé qu'en 1872.

Aujourd'hui, les articles d'exportation sont surtout l'ivoire, le copal, le caoutchouc, les girofles, le sésame, l'orseille, l'ébène, les bois de construction (perches et chevrons), le tabac du pays, les peaux, les cornes de rhinocéros et les dents d'hippopotame, les écailles de tortue, les cauris, le piment, le coprah ou noix de coco, les grains... On importe des cotonnades, de l'eau-de-vie, du gin, du pétrole, des fusils, de la poudre, des verroteries, des den-

---

[1] Depuis il est venu aussi une compagnie portugaise.

rées alimentaires et ces mille petits produits d'Europe, d'Asie et d'Amérique destinés à satisfaire les besoins réels ou fictifs de l'homme civilisé et de celui qu'on civilise.

Vue de la mer, avec ses maisons blanches, rangées au bord de l'eau, sa tour servant de phare, le nouveau palais qui semble tout écraser de sa masse, la ville se présente avec un certain air qui ne manque ni de pittoresque ni de grandiose, mais qui ne se soutient plus, malheureusement, dès qu'on a mis le pied sur les décombres de la plage et qu'on s'est aventuré dans les ruelles tortueuses où deux voitures sont incapables de marcher de front.

La ville de Zanzibar est divisée en deux parties, séparées par une lagune intérieure, que tour à tour la mer couvre et abandonne.

D'un côté, à l'est, l'ancien et le nouveau palais du sultan, la tour servant à la fois de phare et de sémaphore, la forteresse convertie en prison, les consulats, les maisons de commerce, les hôtels, les boutiques, tout le Zanzibar en pierres.

A l'ouest, c'est Ngambo (l'autre côté), relié au quartier précédent par un pont jeté sur le goulet de la lagune et où s'étalent de préférence les cases des noirs, le Zanzibar en terre ou en feuilles de cocotier.

Au delà, les campagnes, les cocotiers, les manguiers, les petits chemins courant partout, les villages dispersés à l'aventure, le soleil, l'ombre et la poussière.

Voilà Zanzibar; tout cet ensemble abrite, dit-on, cent mille mortels de bien des couleurs, rassemblés un peu de partout, essayant chacun son métier, portant chacun son costume, ayant chacun ses projets, ses joies et ses déceptions, se conservant de son mieux, vivant comme il peut, et mourant quand c'est l'heure.

La classe supérieure et moyenne est représentée par les Arabes, presque tous originaires de Mascate et du Sheher, par les Indiens musulmans de Bombay, par les Banyans de Katch, par les Parsis. C'est à eux qu'appartiennent les riches campagnes et les belles maisons d'habitation, c'est entre leurs mains qu'est le haut et le petit commerce, c'est dans leurs coffres que s'arrête l'argent.

Au-dessous passent les Swahilis, dont plusieurs ne sont pas sans avoir quelque importance : c'est une race mélangée où le sang de Sem et celui de Cham se sont mêlés dans une proportion plus ou moins grande, où parfois le noir domine et parfois l'Arabe, où l'on trouve du bon, du médiocre et du mauvais. Ce mot de Swahili vient de l'arabe *Sahel*, qui signifie Côte.

Enfin, viennent les noirs[1], libres ou esclaves, qui forment à eux seuls les deux tiers de la population. Leur type, à cause de leurs origines différentes, est loin d'être uniforme; mais qu'on les trouve inactifs ou occupés, vêtus d'un linge tout neuf ou à demi couverts d'un chiffon de circonstance, en promenade ou à la chaîne, leur insouciance et leur bonne humeur sont à peu près pareilles, et le philosophe, en les voyant, peut conclure une fois de plus que le plus sûr moyen d'être heureux est de ne désirer que ce qu'on a.

Enfin le sentiment du public met généralement « hors concours » l'élément européen, et à cet honneur participent plus ou moins les sujets portugais de Goa, qui, à eux seuls, sont près de quatre cents.

La population européenne proprement dite, qui ne dépasse pas deux cents personnes, de nationalités diverses, non compris les équipages des navires, est un peu flottante; mais elle tend d'année

[1] Dans tous les pays d'outre-mer où la langue française est comprise, les mots *noir* et *nègre* ne sont point synonymes : le premier désigne un homme de race noire, et aucun Africain ne s'en offense : le second s'applique à un esclave. Il constitue une grave injure et une lourde faute qu'aucun missionnaire ne doit commettre.

en année à devenir plus nombreuse. On la suit avec
intérêt. Et lorsque, par exemple, les matelots des
navires de guerre descendent en ville, les zigzags
remarquables que ces vaillants hommes décrivent
en rentrant, le soir, tout le long des rues, et une
bouteille en main, sont un spectacle tout à fait
réjouissant et peu cher, que les gamins de l'endroit
considèrent avec une expression de bonheur extrême,
et devant lequel les vieux noirs eux-mêmes ne s'ar-
rêtent point indifférents.

C'est au milieu de cette population étrangement
mêlée, dans ce centre considérable, et en face de
l'immense continent noir, qu'est venue s'établir,
en 1860, la mission catholique fondée par Mᵍʳ Fava,
alors vicaire général de Saint-Denis (Réunion), et
depuis dirigée par les Pères du Saint-Esprit et du
Saint-Cœur de Marie. Aujourd'hui, le vicaire apostolique de Zanzibar y a sa résidence habituelle.
Outre la procure générale des stations de l'intérieur,
la mission comprend une paroisse dont les Goanais
forment l'appoint le plus fidèle et le plus considérable ; deux écoles et orphelinats, un hôpital destiné
surtout aux Européens, et un hospice ouvert à
toutes les misères indigènes. Dernièrement une
imprimerie est venue s'ajouter à ces œuvres, et le
P. Sacleux en doit prochainement faire sortir deux

ouvrages importants auxquels il met en ce moment la dernière main, un dictionnaire français-swahili et un swahili-français.

Depuis quelques années l'érection des vicariats apostoliques du Tanganyika et du Nyanza a amené les Pères de Notre-Dame d'Afrique (d'Alger) à établir aussi une procure à Zanzibar.

En 1862, est venue la mission anglaise « des Universités ». Ses membres appartiennent à la haute Église, et pour être absolument ce qu'ils disent être, c'est-à-dire catholiques, il ne leur reste guère, en réalité, qu'à convenir d'un fait bien naturel, bien rationnel, bien simple et bien clair, pour tout homme du moins qui n'a pas intérêt à le contredire : c'est que l'apôtre Simon, Bar Jona, fut seul, sous le nom de Pierre, revêtu par Jésus du triple pouvoir du souverain pontificat, de l'enseignement et du gouvernement suprême, que cette primauté a nécessairement passé de main en main jusqu'à Léon XIII, et que les apôtres d'autrefois, comme les évêques d'aujourd'hui, ne furent et ne restent catholiques qu'autant qu'ils furent et qu'ils restent en communion avec Pierre et Léon.

Quant au reste de la population, arabe, swahili, comoréenne et indienne, elle est musulmane, mais divisée en plusieurs sectes. La plupart des noirs, tenant aux Arabes de près ou de loin, s'accordent aussi, pour ressembler aux maîtres, une teinture générale d'islamisme ; cela consiste, par exemple, à se soumettre à la circoncision, à adopter un nom du calendrier musulman, à n'user que des viandes d'animaux reconnus et tués dans les règles, à ne point rompre en public le jeûne du Ramazan et à se laisser enterrer au chant de la formule proclamant que « Dieu est Dieu et Mohammed l'envoyé de Dieu. »

Les Banyans sont bouddhistes, et les Parsis suivent, comme on sait, la religion de Zoroastre ; mais ni les uns ni les autres n'ont organisé de culte public à Zanzibar.

En résumé, la religion tient sa place dans la vie de l'homme, ici comme partout, une place importante. Sans doute Dieu n'est point servi comme il le demande ; mais enfin il est connu, il est respecté, il est adoré, — sauf peut-être, nous disait hier un vieux serviteur musulman, — par un certain nombre de noirs récemment venus de l'intérieur, et par quelques Européens.

La traversée de Zanzibar à Bagamoyo a été extraordinairement rapide : trois heures et demie.

Du large, la ville, qui s'embellit visiblement chaque année, se présente aujourd'hui toute joyeuse, illuminée par un beau soleil couchant. Trois groupes de maisons blanches semblent se presser pour regarder la mer à travers un large bouquet de cocotiers. Au-dessous, s'étalent sans ordre les cases plus modestes avec leurs murs en torchis et leurs toits en feuilles de cocotier tressées. A gauche, la grande maison carrée du gouverneur. A droite, une avenue de filaos dans la tête desquels la brise chante jour et nuit, et, au fond, la Mission.

Cette importance croissante qui lui donne une vie supérieure à celle de toutes les villes de cette côte, Bagamoyo la doit aux caravanes qui ne cessent d'affluer de l'intérieur, de l'Uzaramo, de l'Ukami, de l'Usagara, de l'Uhéhé, de l'Usangu, de l'Ugogo, de l'Uniamwézi, de l'Uganda, du Tanganyika, du Manywéma.

Ces caravanes sont en général organisées et conduites par des Arabes ou des Swahilis. Voici l'économie de l'opération. Un Arabe pressé par le besoin veut se lancer dans les affaires : il ira au loin chercher de l'ivoire. L'argent lui manque, mais il tient d'héritages heureux des maisons et des champs. Il va trouver un Indien, un Banyan, emprunte là ce qu'il lui faut, largement, regarde peu à l'intérêt que demande l'usurier, met en hypothèques ses propriétés, organise son expédition, part, ne se prive

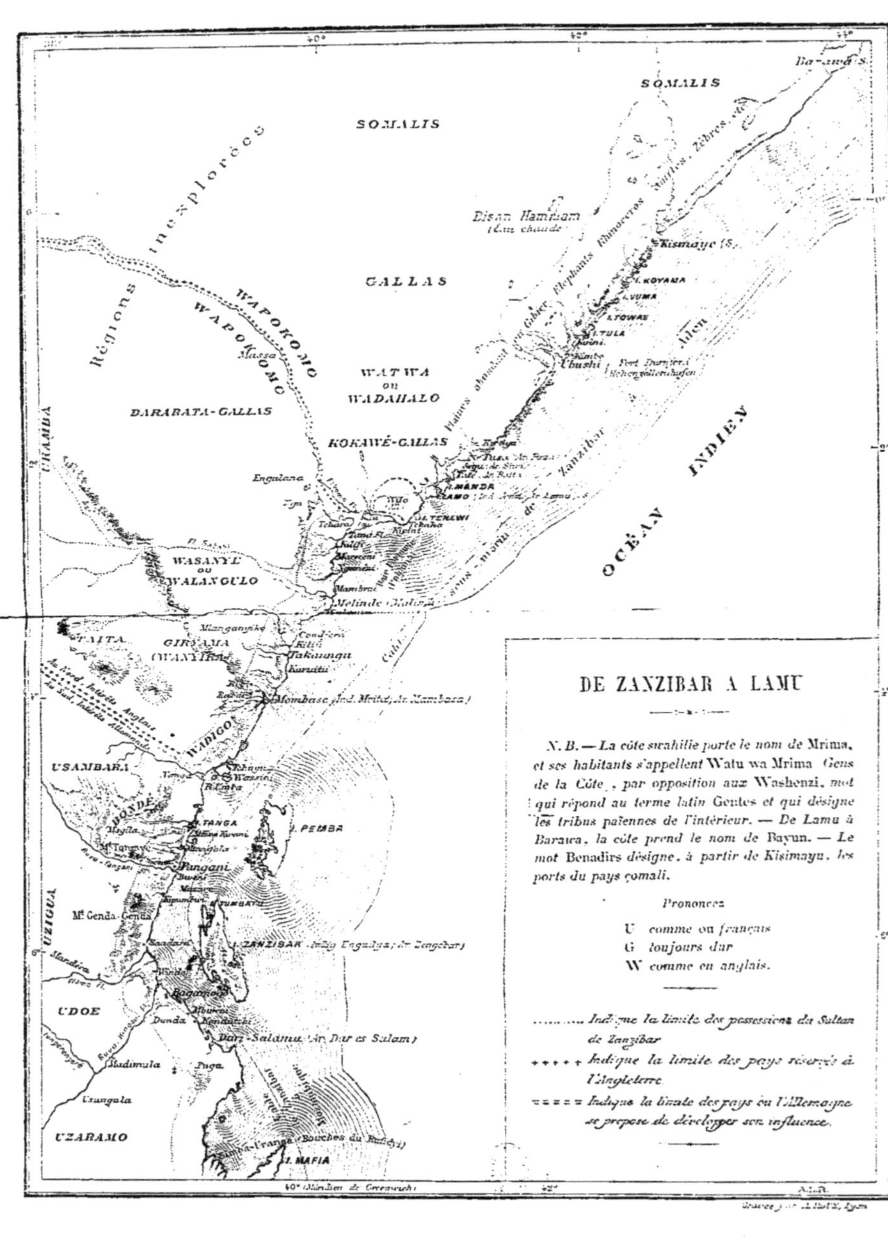

DE ZANZIBAR A LAMU

N. B. — La côte swahilie porte le nom de Mrima, et ses habitants s'appellent Watu wa Mrima (Gens de la Côte), par opposition aux Washenzi, mot qui répond au terme latin Gentes et qui désigne les tribus païennes de l'intérieur. — De Lamu à Baraoua, la côte prend le nom de Bayun. — Le mot Benadirs désigne, à partir de Kisimayu, les ports du pays çomali.

Prononcez

U   comme ou français
G   toujours dur
W   comme en anglais

.... Indique la limite des possessions du Sultan de Zanzibar

+ + + + + Indique la limite des pays réservés à l'Angleterre

= = = = = Indique la limite des pays où l'Allemagne se propose de développer son influence.

Gravée par A. Huot, Lyon

de rien, vit en route avec autant de confort qu'à la maison, avec plus de confort souvent, car il a plus d'argent… emprunté. Un an, deux ans, trois ans après, il revient. Si l'opération a réussi, c'est bien : l'Indien reçoit de nouveau la somme prêtée, grossie d'un intérêt considérable, comme une boule de neige que l'autre aurait à son intention roulée tout le long du chemin, pendant que celui-ci, ayant complètement oublié d'économiser sur ses bénéfices, se trouve tout juste aussi besoigneux après qu'avant et se décide à recommencer une nouvelle expédition qui aura le même succès. Que si l'opération n'a pas réussi, l'Indien n'en est pas plus triste : il lui reste pour se payer les propriétés de sa victime. Et voilà comment, de jour en jour, l'Indien monte et l'Arabe descend.

Mais, en dehors de ces caravanes, on vient même de l'intérieur uniquement pour voir les merveilles de la côte, pour tremper ses pieds dans l'eau de mer, pour contempler de la bouche et des yeux toutes ces boutiques pleines de linge et ces mille choses étranges qu'on ne voit point au pays sauvage. Dans plusieurs tribus, pour être quelque peu considéré, il faut avoir voyagé. Et l'homme des bords du Tanganyika ou du Nyanza qui peut parler en connaissance de cause de Bagamoyo, de Zanzibar et de la Grande Eau salée, en glissant à propos quelques expressions plus ou moins arabes, est aussi écouté dans son pays qu'un naturel du Cantal ou des Basses-Pyrénées qui peut dire au commencement de ses phrases :

« Lorsque j'étais à Lille en Flandre ou à Tours en Touraine... »

Du reste, à Bagamoyo aussi, il est peu d'hommes, libres ou esclaves, qui n'aient fait dans l'intérieur des voyages considérables, soit dans des caravanes particulières, soit à la suite de traitants arabes, soit enfin dans les escortes des Belges, de l'abbé Debaize, de Thomson, de Stanley, de Cameron, de Livingstone. Interrogez-les : ils vous parleront de Katanga, du Cap, du Nil, du Congo, de Stanley-Pool; ils vous diront ce qu'ils pensent de leur chef d'expédition, ils vous fourniront des détails inouïs, et j'ai souvent pensé que leurs récits, mis à la suite de ceux qui furent imprimés, obtiendraient un certain succès de contraste.

Cette affluence des étrangers à Bagamoyo lui donne, à certaines époques de l'année, une physionomie particulière. Sa population, qui est de cinq ou huit mille habitants, est alors doublée, triplée; des groupes nombreux de voyageurs étrangers campent dans la ville sous des huttes provisoires, et il n'est pas rare de se trouver alors en présence de quelque grand chef voyageant incognito et sous un nom de circonstance, comme font ses cousins d'Europe, je veux dire les princes. D'ordinaire, ces étrangers tiennent à venir à la mission, voir le blanc et sa maison et ses jardins et la grande case où il prie, etc.

Quand ils sont malades, ces braves gens se laissent volontiers instruire, et tous ceux qui meurent à la mission meurent chrétiens. Les autres remportent au village natal les quelques vérités qu'ils ont saisies et, en tout cas, la conviction leur reste, et plus tard, elle pourra servir à quelqu'un, que l'homme blanc n'est point un méchant homme.

Malheureusement, et malgré les avantages que lui donnent sa position et sa vogue, Bagamoyo n'aura jamais qu'une importance restreinte au point de vue commercial : il lui manque un port.

Quant à la mission, elle continue sa marche habituelle avec son ministère dans les campagnes, avec ses villages, avec ses orphelinats surtout, où la générosité de nos bienfaiteurs appelle sans cesse de nouveaux élus et où les stations de l'intérieur puisent chaque année les premiers éléments de leur vie.

Après trois jours passés au milieu de nos confrères, les préparatifs du voyage étant achevés, nous

nous réunissons tous, le soir, missionnaires et enfants, au pied d'une grande statue du Sacré-Cœur, don d'une main généreuse, et dernièrement posée en souvenir de la consécration de la mission au sacré Cœur de Jésus. C'est l'heure des adieux. Sous les bras étendus du Maître des Apôtres, on commence les prières pour l'heureux succès de l'expédition nouvelle. Le P. Hirtzlin explique ainsi l'objet de la réunion :

« Il y a vingt-cinq ans, personne en ce pays ne connaissait encore le Rédempteur des hommes. Les missionnaires sont venus; et maintenant, pendant que des chrétiens déjà nombreux chantent les louanges de Dieu dans le ciel, d'autres chrétiens continuent à les chanter sur cette terre. La bonne nouvelle a été annoncée sur ce coin de l'Afrique, elle le sera encore. Mais, aujourd'hui, il faut penser à la porter plus loin, dans une direction nouvelle et vers des frères inconnus : c'est pourquoi nous voici, demandant à Notre-Seigneur de diriger ces pauvres missionnaires et de les bénir. »

On prie encore, on chante, et l'on se sépare.

Le lendemain, à cinq heures du matin, nous levions l'ancre et la brise nous pousse vers le nord.

L'an dernier, à pareil mois, à pareil jour, nous étions loin d'ici, campés près d'une rivière inconnue, en face de montagnes superbes, attendant une réponse à la demande que nous avions faite de nous établir dans l'Uruguru, et dormant à moitié sous la garde de quelques porteurs en armes; car on avait, dans les environs, signalé l'ennemi. Aujourd'hui, nous voici en mer, assis à l'ombre de la voile d'un boutre et les jambes engourdies dans les cordages. Tout considéré, l'ancienne manière de voyager valait mieux. Mais que de fois, dans sa vie, le missionnaire doit accepter sans choisir!

Au sortir de Bagamoyo, les palétuviers commencent.

Quand la mer est haute et que leurs têtes toujours vertes émergent au-dessus des vagues, ces arbres singuliers, propres aux lagunes et aux marécages maritimes, forment des forêts à l'aspect luxuriant qu'on longe en boutre, qu'on traverse en canot, et au-dessus desquels passent en criant les oiseaux de mer : c'est beau.

Mais à mesure que la marée se retire, l'aspect change, la tête du palétuvier se dégage, les branches entrelacées apparaissent, les feuilles mortes et pourries s'amassent au pied des troncs creusés, la boue infecte exhale ses miasmes, les crabes et les gélasimes courent partout, les racines gênent la marche et quand on rentre au logis; avec la fièvre, le souvenir qu'on garde du palétuvier, sous sa couverture, n'est plus du tout le même.

C'est entre ces lagunes malsaines que le Kingani arrive à la mer. Dans d'autres voyages, nous l'avions vu dans les montagnes de l'Ukami, à sa source, et il était si pur! Le voici à son embouchure, et il est si sale! Triste et trop fidèle image de la vie de l'homme.

Son nom véritable est Ruvu. Mais ce nom lui est commun avec un autre fleuve qui se jette au nord, à Pangani, et signifie proprement *grand cours d'eau*. Aussi, d'ordinaire et pour éviter la confusion, l'appelle-t-on Kingani, qui n'est à vrai dire que le nom des campagnes de sa rive droite et près de son embouchure.

Au delà, se trouve Windé, plage basse, boueuse, malsaine, petit village, mauvais port et vilain trou.

Plus loin, les deux bouches du Wamé, Tcha-Nyungu et Porokanya, forment un petit delta inhabité. La première de ces bouches est la principale, la seule qu'on puisse remonter, celle qui a permis à Stanley d'arriver sur une embarcation à vapeur jusque près de la mission de Mandéra, où il s'est trouvé arrêté par des rapides. Le Wamé a sa source dans l'Usagara.

Depuis Bagamoyo, la côte est uniformément

La retraite.

basse, inculte, couverte de broussailles, et parfois seulement égayée par quelques bouquets de filaos ou *casuarinas*, arbre qui rappelle les conifères et l'un des plus élégants de ces pays. Çà et là, des marigots s'enfoncent dans les terres, et les boutres s'y aventurent à la haute marée pour couper du bois de chauffage, des chevrons et des poutrelles qui sont ensuite vendus à Zanzibar.

Il est cinq heures du soir lorsque nous jetons l'ancre en face de Saadani. C'est un triste lieu.

La plage est basse, l'eau sale, le fond boueux. Sur le rivage s'étale une végétation triste et rabougrie, et il faut regarder au loin pour voir quelque chose qui repose la vue : les collines de Mkangé et de Ndumi, qui s'élèvent à une hauteur variable de cent à cent cinquante mètres.

Nous avons encore une heure avant le coucher du soleil. Descendons.

Sur la plage, un groupe d'hommes est rassemblé. Qu'y a-t-il? Nous approchons, et nous nous trouvons en face d'un énorme squale qui s'est échoué près de là : c'est une scie dont le corps a plus de quatre mètres de longueur; le museau en lame d'épée, orné de chaque côté de fortes épines osseuses, n'a pas moins d'un mètre cinquante. Notre vieux cuisinier Séliman aurait bien envie d'en acheter un morceau, mais la chair de cet animal est loin d'être appétissante, à cause de sa forte odeur ammoniacale.

Des lagunes que tapissent des touffes de soudes et qu'habitent des tribus nomades de chiens sauvages forment les faubourgs de Saadani. Ce n'est qu'après les avoir traversées qu'on arrive à une estacade mal faite, et, par une porte qui ne ferme point, on peut sans trop de peine s'introduire dans les espaces que laissent plus ou moins libres les cases malpropres, les mares puantes et les monceaux de fumier. Enfin une maison en pierres apparaît, mais inachevée, et plus loin une case assez bien construite, protégée contre les regards indiscrets par un entourage de tiges de sorgho : nous entrons. C'est là que demeure Bwana-Héri, descendant des anciens rois de la Côte, gouverneur du lieu, et depuis longtemps ami de la mission. Nous le trouvons couché sous sa varangue, entouré de quelques amis; mais la fièvre dont il souffre ne l'empêche pas de nous bien recevoir. Nous parlons longtemps, nous buvons le café, et, quand nous nous levons, nous nous apercevons qu'il est nuit.

Saadani n'est donc pas beau, ni du côté de la mer, ni du côté de la terre. Cependant, pour éviter le passage de plusieurs rivières sans pont et parfois

aussi la famine du grand chemin qui mène à Bagamoyo, des caravanes assez nombreuses y descendent chaque année, et les boutres de Zanzibar
viennent y chercher leurs charges. Aussi des Indiens
musulmans et même des Banyans se sont établis
ici : *auri sacra fames.*

Nous avons demandé à Bwana-Héri combien
d'habitants compte Saadani.

« Question embarrassante ! répond-il après
réflexion. Nous ne sommes pas en Europe. En
Europe, on sait combien il y a d'hommes dans
chaque village, combien de femmes, combien d'enfants, combien d'ânes, combien de chiens. Tout est
écrit. Ici, je ne puis dire que le nombre des chiens :
ils sont deux, c'est moi qui les ai, et c'est toi qui
me les as donnés, les voici... Père, nous ne sommes
pas en Europe. »

Et je réponds : « C'est vrai. »

Il est nuit et il faut rentrer.

Nous faisons nos adieux à l'excellent gouverneur,
qui nous offre un mouton pour remplacer les renseignements statistiques, et en route!

La mer s'est retirée; la plage déserte et silen-
cieuse s'étend au loin, couverte par endroits de
larges flaques d'eau, et le boutre apparaît là-bas,
comme un point noir. Nous ôtons immédiatement

ce qui nous gêne, c'est-à-dire nos souliers et nos bas, et comme des pêcheurs attardés sur les grèves, nous nous avançons en pataugeant dans l'eau, suivis du matelot, qui porte sur ses épaules le mouton du gouverneur, espoir du lendemain.

Nous arrivons. Le boutre est là, comme un gros poisson mort, couché sur le flanc dans un lit de boue et baigné seulement de deux pieds d'eau.

Nous avons à l'arrière une cabine pourvue de deux couchettes et assez larges pour deux patients : c'est là que nous passons la nuit. Mais la marée qui descend et, plus tard, la marée qui monte nous procurent jusqu'au matin des agréments inattendus. Chaque vague qui se retire et chaque vague qui s'avance prend le corps enflé de notre pauvre vieux boutre, le soulève un instant, puis le laisse retomber sur sa couche. Ce jeu se renouvelle à peu près toutes les deux minutes : dans l'intervalle nous avons un moment de répit qui donne l'illusion du sommeil, en attendant la secousse qui en ôte tout à coup le moyen. Ah! quel berceau! et comme les choses de l'âge mûr ressemblent peu à celles de la tendre enfance!

II

Ne nous plaignons pas trop de notre navire, cependant. Qu'est-ce qui lui manque?

Il a un pont en forme de toit sur lequel, il est vrai, on ne peut guère organiser de danses; mais on s'y assied; on s'y allonge, on y rêve, on y pense, on y prie, on y écrit, on y lit, on y dort. Il a un gaillard d'avant, d'où la vigie signale pendant le jour les endroits dangereux, et où, le soir, on se rassemble pour écouter des histoires. Il a un gaillard d'arrière, où le capitaine tient la barre en chiquant une pincée de tabac dans une feuille de bétel, et d'où il envoie ses ordres en crachant. Il a une cale où les caisses s'entre-choquent passablement, pendant que le cuisinier y dispose ses artifices, que les rats y élèvent leur nombreuse famille, et que les cancrelats s'y promènent en rangs. Qu'est-ce qui manque à notre navire?

C'est pendant qu'on rêve, à demi éveillé, à tous ces avantages d'un mode nouveau d'existence, que le point du jour arrive. Aussitôt le branle-bas est commandé dans la cabine, on procède à une toilette sommaire, et on y installe l'autel.

Mais oui, nous aurons la messe à bord, et nous l'aurons tous les jours. Le capitaine, qui est musulman, n'y est point opposé, au contraire; et c'est là une supériorité qu'il a sur certains de ses collègues qui sont chrétiens. Donc, à cette heure matinale, la mer étant haute et le boutre sage, la table est disposée dans la cabine, et, grâce à une installation savante qui la maintient toujours parallèle à la surface des mers, Monseigneur peut y célébrer tranquillement le saint sacrifice, et demander à Dieu, par la victime qu'il s'est choisie, de faire descendre le salut sur ces plages abandonnées.

Cette impression du matin est délicieuse.

Une brume légère, si légère qu'on la distingue à peine, tamise le paysage de la côte et fait l'effet d'une gaze impalpable tendue partout. La mer est haute, la brise nulle, l'eau calme, tranquille, à peine ridée. Les matelots, qui viennent de se réveiller, sont accroupis silencieux, ici et là, regardant devant

Kipumbwi — Sous le parapluie du gouverneur.

eux sans rien voir, frottant avec le morceau de bois qui leur sert de cure-dents le large râtelier dont leur mâchoire est armée, et chacun accompagnant cette opération, qui se renouvelle chaque jour, des grimaces particulières et inconscientes de sa nature. Au loin, vers le cap qui ferme la baie au nord, les filaos se dressent au-dessus de l'eau, et, comme leurs troncs disparaissent dans la brume, on dirait que leurs longues têtes molles flottent en l'air. Ici, tout près, au village, les coqs se renvoient leurs derniers appels, et les pêcheurs commencent à paraître sur la plage. Tout se réveille.

De Saadani à Mkwadya, c'est le désert : toujours la même côte de sable couverte des mêmes broussailles crépues, que des marigots coupent çà et là, et que domine ailleurs la tête énorme du baobab. Par endroits seulement se dresse encore le filao; et là où quelques hommes ont pétri leurs cases de terre et de paille, le cocotier lève la tête.

Au delà de Mkwadya, la côte devient plus intéressante, et à l'horizon apparaît le Genda-Genda, toujours plus distinct, comme un long chameau couché dans la verdure. On donne au plus élevé de ses pics une altitude de huit cent mètres, et, par les temps clairs, on l'aperçoit facilement de Zanzibar.

Il est une heure du soir lorsque nous arrivons à Kipumbwi. C'est une anse large et intéressante, qui se prolonge assez loin dans les terres sous forme de marigot, où croissent les inévitables palétuviers. Près de là s'est établi un village du même nom, village où l'on ne distingue guère qu'une rue, mais animé et joyeux. Il y a un gouverneur, que nous allons visiter : c'est une bonne petite figure. Nous lui présentons la lettre de recommandation que S. A. Sèyid Bargash a bien voulu donner à Mme de Courmont. Il la prend, la baise, la tourne, la retourne, la regarde ; cela donne à son secrétaire le temps d'accourir, et, quand celui-ci a lu à peu près ce que la lettre contient : « C'est ce que j'avais justement compris, » fait la petite figure avec un sourire.

Nous visitons les environs ; mais la pluie vient nous contrarier, et nous rentrons, cette fois avec des poules et des œufs, sous le parapluie du gouverneur, le seul parapluie de Kipumbwi.

Kipumbwi cependant a un petit commerce, et on y trouve, avec des Arabes du Sheher ou Washihiri qui vendent du poisson salé, des Indiens qui écoulent ici les fonds de boutiques de leurs compères de Zanzibar. Mais c'est un point isolé, et les indigènes, les Wazigua, ne se trouvent qu'à six heures de là.

Les campagnes paraissent peu étendues. Nous traversons une grande plaine inculte, couverte de petits palmiers sauvages et bordée à l'est d'une magnifique forêt vierge.

Près de la mer, sous les cocotiers qui l'ombragent, un autre village est assis : c'est *Mdyimpia*, ville neuve, résidence du chef indigène. Il paraît que ce point de la côte eut autrefois quelque importance, car nous y remarquons un grand carré de murs en ruines qui défendait la place. Nous demandons à un noir comment cette forteresse est tombée : « Ah! répond-il, il y a si longtemps qu'il n'y a plus de guerre! »

Heureux pays, où c'est la paix qui détruit les murailles !

J'avais oublié de faire le portrait de Séliman, notre cuisinier. Sans doute, j'ai bien essayé d'esquisser sa forme antique dans deux croquis précédents, à Saadani et à Kipumbwi; c'est lui qu'on voit à côté d'Engelbert, enfant de la mission, son aide et son ami. Mais il mérite autre chose qu'un simple profil.

Séliman ne sait pas son âge, personne ne le lui ayant jamais dit; mais il suffit de jeter le plus simple des coups d'œil sur sa figure dévastée pour comprendre qu'il est voisin de soixante ans. Il est

Mzigua d'origine, né près de Pangani ; mais, parmi ses ancêtres, il a dû avoir quelqu'un qui fut Arabe, plus ou moins : cela se voit à sa peau, qui n'est point blanche, mais qui n'est point noire, et à son type. Il a la tête ronde, dans le style d'une boule de jeu de quilles, et pas beaucoup plus fertile en cheveux. Deux petits yeux brillent entre un système de paupières étrangement plissées, et entre les deux yeux s'allonge un nez suffisamment aplati. Un essai de moustaches et de barbiche, poussant avec peine sur une peau tannée par le soleil et riche en replis de toute sorte, complète cette physionomie honnête, drôle de chef-d'œuvre.

L'habit n'a rien de distingué : c'est d'ordinaire une pièce d'étoffe nouée autour des reins, et par-dessous une chemise tombant en ruines. Un mouchoir, serré sur la tête, rappelle vaguement le turban, et, dans les grandes circonstances, la ceinture est armée d'un respectable pistolet qui ne part point, quoiqu'il paraisse dater de l'époque où la poudre fut inventée.

Séliman est donc notre cuisinier. Et lorsque, de la cabine où nous résidons, on l'aperçoit là-bas, à l'avant et à fond de cale, derrière de grandes caisses et dans la demi-obscurité qu'entretient une vieille lampe fumeuse, quand on le considère bien accroupi devant sa casserole, tenant d'une main le couvercle et de l'autre la cuiller, avec sa figure invraisemblable, ses longs bras maigres, ses doigts effilés, ses grands pieds de gendarme, on ne peut vraiment s'empêcher de remarquer que notre cuisinier a tout l'air d'un vieux sorcier préparant des charmes.

Eh bien! ne vous fiez pas aux apparences; Séliman est à classer parmi les plus honnêtes mortels d'Afrique et d'Europe.

Fils de chef et frère de chef, il semblait que « toute autre position qu'un trône eût été indigne de lui », dit Bossuet. Mais Séliman ne pensa point ainsi, et dès son jeune âge il vint à Zanzibar, d'où il passa plus tard à Nossi-Bé : c'est là qu'il apprit à la fois la cuisine et le français, lesquels il arrange selon des règles à lui connues. De retour à Zanzibar, il entra au service de la mission, et depuis lors (il y a de cela vingt ans) il y est resté.

Séliman est musulman, — c'est son seul défaut, — et tous les arguments dont dispose la dialectique chrétienne ont jusqu'à présent échoué devant cette simple réponse :

« Mon Père dit la vérité. Mais Séliman, pour tourner la langue, l'esprit n'a pas. Appelle grand monde savant avec grand livre : c'est ça qui connait. »

En attendant, Séliman fait la cuisine à bord du *Salama*. Mais ce matin il a hasardé une interpellation :

« Ça dans petite boîte fer-blanc, ça graisse coçon, mon Père?

— Coçon même, Séliman, pas moyen de dire autrement, coçon même...

— Alors, pour lors, moi n'a pas pouvoir goûter fricot, et si fricot n'a pas goûté, fricot n'a pas bon, fricot ratatouille !

— Qu'y faire, Séliman?

— Ça même, y faut z'huile z'ou beurre.

— Mais beurre n'a pas.

— Ça même, Père, y faut z'huile. »

Nous en passerons donc par l'huile, « z'huile sésame, » et Séliman goûtera le fricot.

Nous avons laissé Kipumbwi à cinq heures du matin.

La côte qui suit, triste, basse, inculte, est connue sous le nom d'Ushongo. Au loin s'étend la mer, traversée aujourd'hui de longues bandes de différentes couleurs, indigo, bleu clair, azur éclatant, vert tendre ; ce spectacle est très beau. Mais là-bas, devant nous, la vague écume contre une ligne de brisants ; et, comme ce passage est d'ailleurs mal famé, le capitaine prend la parole :

« Dyuma, vite à l'avant, et ouvre l'œil, Dyuma. »

Pangani.

Dyuma, vieux fumeur de chanvre indien, réalise assez bien le type abruti de ce pays, et c'est précisément de tous les matelots celui qui éprouve le plus de difficulté pour « ouvrir l'œil ». Il va quand même à son poste, et nous avançons. Nous avançons toujours, toujours...

« *Barak'Allah!* s'écrie tout à coup le capitaine. La voile! Descendez la voile! Dyuma, tu n'es qu'une bête. Jetez l'ancre! A bas la voile, donc! Nous sommes perdus!... Non, non, pas de danger... Dyuma, la prochaine fois... Ali, donne-moi mon tabac, mon garçon... »

Cette série de commandements précipités venait de ce que le boutre se trouvait juste sur un banc de coraux, et que Dyuma dormait paisiblement. Heureusement la marée monte, et, lorsqu'il y a suffisamment d'eau pour passer, nous remettons à la voile, nous laissons à droite l'îlot de Maziwé, couvert de filaos et peuplé de rats, et, à trois heures, nous entrons à Pangani.

Ici, la vue est belle.

A gauche, des falaises boisées et pittoresques, au pied desquelles s'étend le long du fleuve le village de Bwéni. A droite, Pangani avec ses blanches maisons en pierres et ses caves grises en torchis sous un élégant bouquet de cocotiers. Au milieu, le fleuve, large, calme, majestueux, et, comme arrière-plan de ce tableau, le Tongwé, qui couronne de son sommet les collines voisines.

Le gouverneur est absent. Nous n'en aurons que plus de loisirs pour visiter la ville, qui est décidément beaucoup plus intéressante à voir de loin que de près. Les rues sont étroites, défoncées et pleines de mares, où l'eau des pluies séjourne jusqu'à ce que le soleil ait pris la peine de la faire remonter dans le ciel. Quant au reste, des tombeaux en ruines, des maisons abandonnées, des recoins dégoûtants, des magasins fétides, des provisions de poisson pourri, une population de gens sales, paresseux, puants et suffisants. Les enfants eux-mêmes, qui ailleurs nous suivent volontiers, sont ici peu sympathiques. Enfin, il faut ajouter à tout cela que Pangani passe pour malsain. Ce qui est certain, c'est qu'il réalise toutes les conditions requises pour être un riche dépôt de fièvres.

Bwéni, en face, est moins important, mais plus riant, plus agréable. Là, les cases sont moins entassées, mieux tenues, plus propres ; la population paraît plus simple, et les enfants n'ont plus l'air insolent de l'autre côté. Une promenade sous les bananiers et à travers les campagnes nous permet de juger de la fertilité de la vallée, qui est extraordinaire.

Enfin, pour ne perdre aucun des agréments qui nous sont réservés ici, nous nous installons dans notre embarcation, nous hissons la voile, Monseigneur prend la barre du gouvernail, comme il convient, et nous voilà remontant le fleuve, doucement, avec la brise et la marée. Sur les rives, on distingue bien encore quelques palétuviers; mais les champs de cannes à sucre qui s'étendent au delà les font oublier, pendant que les collines, des deux côtés, reposent agréablement la vue. Une autre idée vous attache au Ruvu : c'est son origine. On sait qu'il descend du Kilima-Ndjaro, le géant des montagnes africaines, et on aimerait tant à aller planter sa tente où ce fleuve a sa source! Mais patience : l'heure viendra, et tout fait espérer qu'elle est proche.

Tel nous a paru Pangani.

En réalité son importance dépend de son fleuve et des pays qu'il draine.

Au sud, c'est l'Uzigua, où sont établies les stations apostoliques de Mandéra et de Mhonda. En dehors du Nguru, pays montagneux et magnifique, bien arrosé et bien peuplé, des bords du Wamé et de la vallée du Ruvu-Pangani, cette contrée a parfois à souffrir de la sécheresse. Cependant on y trouve de beaux troupeaux de bétail, et l'exportation du beurre y est assez considérable. La population est bonne, intelligente, sympathique aux missionnaires, mais en plusieurs endroits décimée par l'horrible coutume de l'infanticide légal.

Au nord, s'étend l'Usambara, beau pays de montagnes, riche en cours d'eau et bien peuplé : la tribu, comme la langue, a beaucoup de rapport avec celles de l'Uzigua.

Au delà c'est Paré, contrée également montagneuse, où les indigènes ont souvent appelé nos confrères de Mhonda, et que le P. Machon connaît bien.

Enfin, plus loin, s'élèvent les deux cimes du Kilima-Ndjaro, dont l'une atteint une hauteur de six mille sept cent mètres, mille huit cent quatre-vingt-dix mètres de plus que le mont Blanc ! Ce chiffre énorme est du moins celui de l'officier allemand Hans Meyer, qui, après le baron Van der Decken, le missionnaire New et le voyageur anglais Johnson, en a tenté l'ascension. Mais, plus heureux que ses devanciers, il a trouvé un chemin qui lui a permis d'arriver jusqu'au sommet du Kibo, le plus élevé des deux pics, arrêté seulement par un immense bloc de glace, jeté là pareil à un mur perpendiculaire et infranchissable, comme pour défendre à tout mortel de mettre le pied sur la cime où réside le chef des esprits. Là-haut, la température a été trouvée de 16° au-dessous de zéro. Et malgré le froid qui les faisait claquer des dents, le peu de vêtements dont ils étaient couverts, nu-tête, nu-pieds, huit noirs de la caravane ont accompagné jusqu'au bout l'explorateur européen.

Nous quittons Pangani avec le vent de terre, lorsque les coqs des deux rives commencent à se répondre à la première aube.

La côte, que nous longeons comme d'habitude, ne nous montre plus de lilaos, mais çà et là on aperçoit toujours quelques cocotiers.

A notre droite voici un long banc de sable, où de grands oiseaux de mer se promènent lentement, s'arrêtant parfois pour nous regarder passer et parfois relevant d'un coup de bec un coquillage à leur convenance. On voit que rien ne les presse, que rien ne les effraye, que rien ne les inquiète : ils sont heureux, ces grands oiseaux en habit blanc !

A gauche, s'ouvre la baie de Mtangata, que nous reviendrons visiter de Tanga, mais par terre. Elle est fermée au sud par un long banc de sable, et la carcasse d'un grand boutre, près de la passe du nord, reste là comme un épouvantail, inspirant des réflexions salutaires aux capitaines trop aventureux.

Plus loin, émergent les îles de Karangé, toutes couvertes de palétuviers, de cauris et de mouettes.

Seul, un vieux pêcheur, dans sa pirogue ornée d'une natte trouée en guise de voile, est là tout près, et nous échangeons quelques paroles avec lui. C'est un grand philosophe. Un îlot voisin constitue son domaine : il y a trouvé un peu d'eau douce, il y a bâti sa cabane, il y fait du feu avec un briquet de bois, il s'habille d'un morceau de linge, il mange ce qu'il trouve au bout de sa ligne, et quand il veut parler, n'a-t-il pas les oiseaux, les poissons, la mer et le ciel? Tout cela est à lui, et lui n'est à personne. Il vit, et nul ne peut se vanter de le faire vivre, si ce n'est Dieu; il mourra, et nul n'aura à faire les frais de son enterrement, si ce n'est les oiseaux et les poissons, les vents et les vagues. Ce vieux pêcheur est un grand philosophe.

Et voilà nos journées, à nous aussi. Assis d'ordinaire sur le plancher du boutre, nous regardons et nous pensons. Quand la brise est bonne, c'est bien; quand elle faiblit, résignons-nous; quand elle cesse, qu'y faire?

Enfin aujourd'hui encore nous arriverons. Voici Mwarongo, vraie forêt de cocotiers, et, quand nous en avons doublé la pointe, la magnifique baie de Tanga s'ouvre bientôt devant nous. Nous y passerons trois jours.

Tanga est un îlot de sable, d'argile et d'humus

Ile et baie de Tanga.

reposant sur un piédestal de madrépores au milieu d'une baie profonde et tranquille. Des palétuviers l'entourent comme d'une ceinture, et là où ils cessent, des cocotiers et des manguiers, des baobabs, de grandes mimosées, des cisses, des lianes de toutes sortes couvrent un sous-bois de broussailles impénétrables.

Du temps que les tribus voisines étaient à craindre, la colonie arabe s'était réfugiée là. Mais la paix sur la côte et le manque d'eau dans l'île ont depuis longtemps déjà déterminé tous les habitants à se transporter en face, à Mkwakwani. C'est le Tanga d'aujourd'hui.

Les ruines d'une vieille mosquée et, sous un grand arbre élégamment décoré de lianes, une pierre abritée soigneusement par une feuille de cocotier tressée et repliée, restent seules pour garder l'îlot et recevoir de temps à autre les pèlerins de la Grande-Terre, qui viennent apporter un souvenir et une offrande aux âmes solitaires de leurs ancêtres.

Nous avons donc jeté l'ancre devant Mkwakwani. C'est un village assez considérable, composé, comme tous ceux de la côte, d'Arabes, d'Indiens, de Banyans, de Swahilis, chacun ayant à son service un lot plus ou moins considérable d'esclaves. L'autorité, avec laquelle nous nous mettons tout de suite en rapport, y est représentée par un gouverneur : il a un certain nombre de soldats à sa disposition, et nous arrivons tout juste à propos pour assister à l'exercice que, à notre approche, ces braves gens font avec un courage tout à fait remarquable.

C'est, de plus, l'heure du marché, et des environs vont descendre en assez grand nombre des « Washenzi » ou païens, que les fidèles de Mahomet cherchent à tromper de leur mieux. Ces noirs, qui paraissent simples et bons, sont surtout représentés par les Wadigo et les Wabonde. On trouve aussi dans ces parages beaucoup de Wazégédyu, autrefois descendus du nord ; mais ceux-ci sont presque tous musulmans, et en conséquence se croient obligés de mépriser considérablement leurs voisins.

Les campagnes sont bien cultivées et paraissent fertiles. Les troupeaux de bœufs prospèrent, et un Arabe qui a installé une presse pour obtenir l'huile de sésame a pour cette industrie des chameaux beaucoup plus beaux que ceux de Zanzibar. Il est vrai que bœufs et chameaux ont ici quelqu'un qui s'est chargé de leur toilette : c'est un oiseau de la grosseur d'un geai, à bec rouge et fort, peut-être le *Buphaga erythrorynchus*, dont parle Livingstone.

On l'aperçoit toujours sur ces animaux, occupé du matin au soir à chercher les tiques qui les dévorent et à s'en régaler. On sait que des oiseaux semblables accompagnent le buffle et le rhinocéros, vivant de leur vermine et, par reconnaissance, les avertissant du danger. Ici les chameaux paraissent apprécier singulièrement ces convives, et en voici un sur la plage qui en porte trois sur sa tête avec un air de béatitude extrême.

La baie de Tanga est large, assez profonde pour recevoir des navires de guerre, et bien fermée. Au milieu s'élève l'îlot dont il a été parlé. A l'ouest, débouchent deux rivières : le *Mkurumuzi*, qui sort des montagnes du Bondé, et le *Zigi*, qui borne ce même pays au nord et a sa source dans l'Usambara. Malheureusement l'embouchure de ces beaux cours d'eau est encore ici encombrée de véritables forêts de palétuviers qui ne permettent guère à une ville future de s'installer sur leurs rives.

Avec notre embarcation, nous avons visité à loisir cette baie intéressante qui peut un jour, malgré tout, acquérir une importance réelle. Quand la brise nous le permettait, nous hissions notre voile et nous filions doucement, comme sur un lac. Quand elle cessait, les matelots prenaient les rames et chantaient : car le chant est de tous les pays, comme la douleur et la joie.

On chante beaucoup en Afrique : on chante en chœur, on chante en solo, on chante en dansant et pour danser, on chante en pleurant, on chante en travaillant, on chante en marchant, on chante en ne faisant rien ; et nos matelots, eux aussi, chantent en ramant.

Nous avions entendu dire que du côté de Mtangata, au sud de Tanga, il y a dans les broussailles, quelque part, les ruines d'une ville très ancienne, et nous avons voulu voir.

La marche est d'environ quatre heures. Mais je ne conseille à personne de la faire au soleil de midi, car il faut traverser trois interminables lagunes d'un sable fin et blanc où l'on s'expose à un nouveau genre de suicide : à se faire cuire.

Le reste du chemin n'est d'ailleurs pas sans intérêt. Aux environs des villages, dont plusieurs ne sont composés que de Wadigo encore païens, s'étendent des campagnes couvertes de cocotiers, de bananiers et de manguiers. Ailleurs ce sont des champs de manioc, de patates et de sorgho, où une femme enfonce sa petite pioche en chantant, pendant que son enfant crie à fendre l'â , lié sur son dos. Plus loin, les palmiers doums déviennent de plus en plus nombreux, et le mvumo porte sur son stipe renflé vers le sommet une tête ronde, énorme, superbe, où le vent ne cesse jamais de pleurer ou de chanter, suivant la force de la brise et la disposition du passant.

Nous arrivons enfin, et après quelques recherches nous sommes amenés au fond de la baie de Mtangata, en un lieu appelé Tongoni, qui signifie « Ruines », et où des restes de vieilles murailles apparaissent en effet sur la lisière d'une forêt de grands arbres. Plus loin, un tombeau s'élève avec une grande colonne en pierres taillées et jadis incrustée de porcelaines, dont on voit encore les débris. Nous pénétrons sous bois, et nous nous trouvons bientôt en face de ruines intéressantes, ruines de mosquées, ruines de tombeaux, et çà et là, incrustés dans les murs, des assiettes, des plats, des tasses, dont plusieurs en céladon vert d'une pâte magnifique et ornés de dragons et de dessins en relief qui attestent une évidente origine chinoise.

Si ces ruines de Mtangata étaient uniques, elles auraient de quoi surprendre; mais elles se rencontrent en plusieurs endroits de la côte, depuis les Bénadirs et le pays çomal jusqu'à Kilwa et au Mozambique, plus ou moins considérables, plus ou moins riches, plus ou moins bien conservées, mais partout les mêmes. A Mbwéni, au sud de Bagamoyo, pour ne citer que cette localité, on en trouve de beaucoup plus belles qu'à Mtangata. Et, sans parler des traces de l'antique domination phénicienne, dont M. Georges Revoil a retrouvé les preuves au cap Guardafui dans les monuments, les sépultures, même l'idiome, le port du costume et l'armement; sans rien dire des navires grecs et égyptiens qui ont jadis sillonné ces parages, le même voyageur[1] a trouvé à Mogdishu, à Brawa, à Merka, comme du reste d'autres en divers endroits de la côte, des fragments de poterie étrangère, des bronzes, des porcelaines en céladon, une statuette indoue, bien plus, des sapèques chinoises! Mais cette même monnaie avait été déjà rencontrée dans l'île de Mafia, au sud de Zanzibar et non loin de Kiba : elle est en possession de sir John Kirk, ancien consul général d'Angleterre à Zanzibar.

Évidemment, il y a là une origine commune.

Or on sait, d'après les recherches si consciencieuses du commandant Guillain[2], que les dissentiments religieux qui éclatèrent entre ses disciples après la mort de Mahomet amenèrent à la côte d'Afrique les premiers prédicateurs de l'Islam :

---

[1] *Voyage chez les Bénadirs. Tour du monde*, 1885.
[2] *Documents sur l'Afrique orientale.*

Dans l'île de Tonga.

c'était l'an 86 de l'hégire (704 de Jésus-Christ).
En 122 (739 de Jésus-Christ), vinrent les Émozéides,
partisans d'Ali, cousin et gendre du prophète. Mais
plus tard, en 400 (1009 de Jésus-Christ), une flotte
du sultan de Shiraz quitta le golfe Persique et descendit tout le long de la côte jusqu'à Kiloa, dont
la fondation date de cette époque. Ce premier mouvement donné, il s'établit dès lors tout un courant
d'émigration persane, qui paraît avoir duré jusqu'après l'apparition des Portugais dans ces mers,
puisque le dernier scheik indépendant de Mombaz,
connu sous le nom de Shéhé-Mvita (1592), était
shirazien d'origine.

Cependant l'islamisme ne tarda pas non plus à
pénétrer en Chine et aux îles de la Sonde, et, au
XIe ou au XIIe siècle, nous trouvons une colonie
arabe établie à Canton.

Or c'est précisément à cette époque que se rapporte l'introduction des poteries et des faïences
chinoises à la côte orientale d'Afrique. La preuve
s'en voit, pour ne parler que d'un fait, à Mogdishu,
où M. G. Revoil a relevé sur une mosquée antique,
dont le petit dôme était couvert d'un céladon superbe, deux inscriptions, l'une arabe, l'autre persane, datées du mois de Shabaan 667 (avril 1269
de Jésus-Christ).

Au reste, le souvenir de cette colonisation persane est resté dans les esprits. En maint endroit de la côte, à côté des ruines dont il a été parlé, on rencontre des chefs qui se disent descendre des Shirazi; et en général leur type, très fin et très délié, diffère visiblement de celui des Swahilis et des noirs des tribus voisines. La célébration si populaire du Neiruz ou premier jour de l'année persane, ainsi que les pratiques de la fête, bain général, nettoyage complet des maisons, offrandes, feu nouveau, etc., sont aussi à mettre au compte de cette émigration. La langue swahili, de son côté, a dans son fonds un certain nombre de mots persans, et encore aujourd'hui les faïences et poteries antiques qu'on trouve sur les tombeaux ou même dans les familles de Lamo, de Brawa, de Mogdishu, sont connues sous le nom de Yawaï et de Pini (Java et Chine).

Un dernier trait. Un Swahili, de Zanzibar, me parlant dernièrement des tentatives de colonisation allemande en ces pays, concluait ainsi : « C'est comme aux temps de nos pères, quand les Shiraziens, trop nombreux dans leurs maisons, envahirent les nôtres ! »

Revenons à Mtangata.

Au-dessus de la ville antique qui dort sous les

grands bois son paisible sommeil, il s'est établi un petit village de pêcheurs et de marchands. Nous sommes bientôt entourés; mais, chose curieuse, nous qui venons pour savoir ce que sont ces ruines, c'est à nous qu'on le demande. D'abord, à toutes les questions que nous risquons, on ne répond qu'avec une sobriété et une réserve extrêmes. Mais peu à peu on s'enhardit, on nous apporte des fruits, on parle, et finalement le plus vieux du groupe, ayant suffisamment toussé et craché, commence :

« Ces vieux murs, puisque vous êtes venus d'Europe pour les regarder, les écrire et frapper dessus, ne sont pas des murs ordinaires.

« Les blancs connaissent bien des choses !

« Peut-être avez-vous lu dans vos livres que ce sont vos parents qui furent enterrés là, avec de grands trésors... Peut-être !

« Pour nous, quand nous sommes nés, nous avons trouvé ces ruines; nos pères aussi les ont vues telles, et les pères de nos pères...

« Seulement, il y a de cela bien longtemps, bien longtemps, en une nuit de grande tempête, lorsque tout le monde dormait, l'ancien de ce petit village vit, sans ouvrir les yeux, deux hommes qui venaient à lui et qui n'avaient que des os. Et à travers leurs os ils dirent :

« — Nous sommes ce qui reste de Shéhé et de Sharifu ; nous avons vécu comme les autres, et, comme les autres tomberont, nous sommes tombés. Le vent souffle et le ciel est noir ; nous attendrons jusqu'au matin. Mais quand le ciel aura blanchi, lève-toi : tu trouveras nos ossements. Et à la place où ils seront allongés, tu les recueilleras et les enseveliras avec honneur. Tu construiras un toit sur nos tombes, et dans la suite des temps, quand un homme viendra prier Dieu en cet endroit, par l'intercession de Shéhé et de Sharifu, il sera exaucé. »

« Et quand le ciel eut blanchi, l'ancien se réveilla. Et, se levant, il se lava, fit sa prière, et, s'étant dirigé sous ces arbres que vous voyez là, il aperçut les ossements des deux hommes et leur donna la sépulture.

« Et, depuis ce temps, on va brûler de l'encens devant ces tombes, on fait des offrandes, et l'on prie.

— Et l'on est exaucé ? demandai-je.

— Quand Dieu le permet, et que l'offrande est suffisante, » répondit l'excellent homme.

C'est à lui qu'appartient l'exploitation du pèlerinage.

Au nord de la baie de Tanga, la côte, semée de petites îles dont la principale est Twalé, est basse, coupée de quelques marigots, peu intéressante. Mais au delà le terrain s'élève, et une chaîne de collines paraît à l'horizon; c'est là qu'habitent les Wadigo, tribu païenne au type assez laid et renommée pour l'affection particulière qu'elle porte au vin de palme.

Nous arrivons à Wassini à deux heures de l'aprèsmidi. Le village se trouve au nord de l'île, — car Wassini est une île, — assez bien abritée contre les vents du large.

A mesure que le boutre s'avance, sa grande voile tendue et son pavillon au vent, on aperçoit plus distinctement la population qui se masse en avant des maisons pour nous observer. Nous observons, nous aussi, et quand tout est prêt pour la descente à terre, nous descendons. Quelques Arabes et Swahilis viennent nous donner la main, pendant que tous les habitants du village ouvrent sur nous leurs bouches béantes pour regarder.

Nous demandons à voir le gouverneur.

« Il n'y a pas de gouverneur, » répond quelqu'un poliment.

Nous demandons le juge.

« Il n'y a pas de juge. »

Nous demandons le chef.

« Il n'y a pas de chef.

— Alors nous verrons la campagne.

— Il n'y a pas de campagne.

— C'est bien, nous verrons les maisons.

— Il n'y a pas, presque pas de maisons. »

Et pendant qu'on essaye de nous convaincre que cet excellent Wassini que nous foulons de nos pieds n'existe pas, nous nous frayons un passage à travers la foule et nous nous portons en avant. Tout le monde nous suit. Nous parcourons ainsi plusieurs rues étroites, bordées de petites maisons en pierres et à terrasses, de cases en torchis, de hangars ; nous nous enfonçons dans des fourrés dominés des deux côtés de la ville par de gigantesques baobabs, nous nous aventurons dans un sentier pierreux qui nous mène en pleine campagne, et à la fin, fatigués de ne rien voir, nous nous asseyons.

Notre suite s'est considérablement éclaircie. Il ne nous reste plus qu'un jeune homme à tête d'âne qui paraît avoir pour mission de nous « filer », et un groupe considérable d'enfants noirs aux types variés. Nous pouvons parler plus librement, nous n'inspirons plus la même crainte, et il est visible même, autant que flatteur, qu'on nous trouve un faux air d'honnêtes gens. C'est alors qu'un enfant terrible, — il y en a partout, — confesse que le juge a eu tort de se cacher, puisque nous ne sommes pas des

Le *Salaun.*

officiers anglais et que nous ne prenons pas les esclaves. La tête d'âne accueille cette ouverture de l'innocence avec un horrible refrognement.

De fait, la plupart des enfants qui nous entourent savent à peine parler swahili. Ils sont donc d'importation récente. Ce sont les Wadigo qui dominent, mais il y a aussi des Wazigua, des Wasambara, des Wanyika. Un gros joufflu, à figure intelligente et bien faite, attire notre attention : c'est un enfant du Kavirondo, pays baigné par le Victoria-Nyanza, et d'où les traitants de la côte tirent de l'ivoire, et des hommes. Mais celui qui nous intéresse le plus avec ses réponses toujours prêtes, son air déluré, ses yeux noirs et brillants, ses membres frêles, sa figure régulière et maligne, toute son attitude d'écureuil mal apprivoisé, c'est un enfant de l'Ukamba : il nous dit qu'il est ici depuis peu de temps, mais il est visible que c'est lui qui fait déjà la loi. Quel dommage que nous ne puissions le racheter : il ferait un si bon petit mousse à bord du *Salama*, et plus tard peut-être un si intelligent chrétien !

Cette île de Wassini repose, comme les autres, sur une base d'anciens madrépores. Mais on n'y trouve point d'eau douce, et les habitants sont obligés d'aller s'approvisionner sur la terre d'en face, à Tchuyu. C'est là aussi que plusieurs ont leurs champs, tandis que d'autres s'en vont plus loin encore, à Pongwé, par exemple, dont ils sont séparés par un large et périlleux bras de mer. Mais ils se contentent d'y mettre leurs esclaves sous la direction d'un commandeur, et eux n'y font ordinairement qu'un séjour temporaire.

A Wassini même, il y a bien aussi quelques essais de culture. Mais le sol y est extraordinairement sec et pierreux. Un arbre y prospère cependant, dont on ne tire aucun parti, quoique, pour ne parler que d'un de ses usages, son écorce fournisse une corde excellente : c'est le baobab. Le nombre de ces géants du règne végétal est extraordinaire; quelques-uns sont d'une dimension colossale, et un surtout nous a frappés par sa forme étrange : arrivé à une certaine hauteur, le tronc présente un étranglement subit, et l'arbre tout entier donne l'idée d'une bouteille énorme.

Rentrés sur le boutre, nous délibérons.

En face de Wassini, sur le continent, la carte marque Vanga. Or Wassini et Vanga sont le point de départ de la ligne conventionnelle qui sépare les possessions allemandes de l'Afrique orientale des pays où l'Angleterre est autorisée à développer « son influence ». De là, cette ligne passe au nord du Kilima-Ndjaro et va rejoindre, par 2° latitude sud, le Victoria-Nyanza. Il faut donc que nous voyions Vanga : c'est une frontière.

Nous appelons le capitaine Hamisi.

Un baobab étranglé.

C'est un brave et digne homme que le capitaine Hamisi : tête ronde et noire se détachant puissamment entre un énorme turban de linge blanc et une chemise de même couleur, larges épaules, cinquante ans, barbe grisonnante, expérience consommée, prudence et décision réunies, commerce agréable, esprit ouvert et fertile en ressources, amitié tendre pour le vieux Séliman.

« Capitaine, nous irons demain à Vanga.

— Vanga?

— Oui, c'est un endroit magnifique qui doit se trouver par là-bas.

— Puisque votre papier le dit, il est bien certain que Vanga ne peut pas faire autrement... Mais Hamisi n'y est jamais allé.

— Que faire alors?

— Un pilote... Seulement, si mes maîtres sombrent dans un trou inconnu, que personne ne me le reproche.

— Nous sombrerons ensemble, Hamisi.

— Ah! moi, c'est ma vocation.

— C'est aussi la nôtre. Cherche un pilote. »

A cinq heures du matin, le pilote arrive : c'est un petit bonhomme qui n'est pas noir, qui n'est pas rouge, qui n'est pas jaune, mais sous la peau duquel ces trois teintes sont assez bien fondues. Il bégaye gentiment d'une voix nasillarde et en fermant ses petits yeux taillés en amandes : c'est un type chinois; et peut-être, en remontant bien loin le long de son ascendance, trouverait-on quelque gabier du Céleste-Empire.

L'important est qu'il paraît connaître la direction de Vanga, et, l'ancre levée, nous mettons le cap sur le point qu'il nous montre à l'horizon.

Mauvais jour : vent contraire, mer houleuse, équipage refrogné, Séliman malade.

Il faut louvoyer, tirer des bordées, à chaque instant tourner la voile. Le vent souffle plus fort, la pluie commence, la mer est noire et mauvaise. Dans la cale, notre vieux cuisinier fait sonner ses casseroles comme une cloche d'alarme, et, de temps à autre, on l'aperçoit qui met par-dessus bord sa tête bouleversée et fait aux flots quelques confidences discrètes. Un barbier indien que nous avons pris à Tanga comme passager, et qui se rend à Mombaz, gît inerte dans un rouleau de cordages, plié en deux, et dirigeant toutes ses facultés pensantes sur un point qu'il regarde fixement et qu'il ne voit pas... Mauvais jour.

Et la pluie bat plus fort, et le vent souffle plus enragé, et les vagues mugissent, et les courants nous entraînent.

Au loin, un peu voilée par la pluie, s'étend la côte où l'on dit qu'est Vanga. Mais notre chinois de pilote dit que la mer est basse en ce moment, et que si nous approchons davantage, nous échouerons sur un banc de sable. On jette l'ancre. Mais quelle situation ! Affreusement roulés, balancés, jetés à droite, à gauche, en avant, en arrière, comme dans un van, nous nous demandons comment rester et en même temps comment descendre. Car la mer déferle avec fracas sur la plage, et, dans ces conjonctures, que deviendront notre embarcation et nos personnes ?

Finalement, la pluie ayant cessé, nous nous décidons. Voici du reste des pêcheurs qui viennent du sud avec leur pirogue, traînant à la remorque un énorme dujong qu'ils ont pris. Sûrement ils vont à Vanga, et nous les suivrons.

La barque est mise à l'eau, nous nous y entassons, Monseigneur, moi et Séliman, qui fera des provisions, et deux matelots qui rameront, et le mousse qui nous attendra.

Il a fallu travailler raide, mais enfin nous voilà sur la plage.

Laissant à gauche l'embouchure de la rivière Umba, nous traversons à dos d'homme le marigot de Baza, et, après avoir cheminé par des lagunes boueuses, nous faisons, passablement crottés, notre entrée solennelle à Vanga.

Là du moins ce n'est plus comme à Wassini : nous trouvons un chef, swahili ou *diaouni*, chargé des causes indigènes, un gouverneur ou *liwali,* représentant les intérêts de Sèyid, vingt soldats bélutchis, cinq ou six Indiens, une bonne population de pêcheurs et d'agriculteurs, et enfin les plus intéressants de tous, des Wataïta, descendus de leurs montagnes de Bura, dans l'intérieur, pour faire ici leur provision de linge, de sel et de verroteries. Ce sont de grands sauvages, encore naïfs, habillés d'un énorme paquet de perles de verre au lobe supérieur de l'oreille, d'une couronne de cheveux sur la tête, d'une raisonnable quantité de bracelets de cuivre aux poignets et aux chevilles, et d'un honnête morceau de linge autour des reins. Ils se laissent approcher volontiers ; nous parlons, nous rions, et comme ils nous trouvent beaucoup plus drôles que nous ne les trouvons intéressants, nous devenons bien vite amis. Pauvres enfants ! nous reverrons-nous jamais !

En résumé, ce Vanga n'est pas beau, et doit être malsain. D'ailleurs il n'y a pas de port : seuls, les embarcations de pêche et les boutres d'un faible tonnage peuvent entrer à marée haute en suivant un marigot qui passe un peu au nord et qui nous arrive jusque près des cases.

La population nous reçoit volontiers. Mais où nous rencontrons le plus de succès, c'est au corps de garde. L'un des vaillants hommes qui composent la force militaire de la place a été en garnison à Bagamoyo. Il nous a tout de suite reconnus, et en même temps qu'il nous recommande à ses camarades, il nous aborde, nous serre vigoureusement la main, nous marche sur les pieds en s'excusant, nous crache amicalement dans la figure. A peine remis de toutes ces politesses, nous sommes conduits au *barza* du gouverneur : c'est une longue galerie où tous les soldats sont assis et où les principaux de l'endroit viennent nous rendre leurs devoirs. Le sorbet rose nous est offert, le café circule, et pour nous permettre de jouir plus longtemps des charmes de cette société, voilà de nouveau que la pluie tombe, tombe, tombe, et ne finit plus.

Enfin, profitant de la première éclaircie, nous nous levons et battons en retraite, escortés par un piquet de soldats. La pluie recommence; nous sautons sur le dos de nos hommes pour traverser le marigot, Monseigneur tombe au milieu, je le suis de près, et nous arrivons sur la plage avec cet avantage du moins de n'avoir plus à craindre d'être mouillés.

Hélas! ce mousse qui devait nous attendre avec la chaloupe a compris qu'il devait rentrer sur le boutre! Nous appelons, nous crions, nous faisons des signes : peine inutile. Il pleut, et les matelots évidemment se sont tous réfugiés dans la cale. Que faire ?

Par manière de distraction, Mgr de Courmont essaye une promenade dans les palétuviers.

« Des huîtres, s'écrie-t-il tout à coup, arrivez ! »

Ces intéressants mollusques se trouvent en effet, comme l'homme, dans tous les pays. Ceux-ci sont magnifiques, et le tronc des arbres en est couvert ; nous nous payons séance tenante un petit goûter peu cher, et, de plus, nous nous faisons une provision assurée pour plusieurs jours.

Au retour de cette campagne heureuse, nous apercevons l'embarcation qui vient enfin nous chercher ; la pluie était finie, et quelque temps après nous étions de nouveau sur le *Salama*.

Partirons-nous ? Car le vent souffle toujours, la mer a une couleur d'encre, et le ciel est si sombre !

« Sortons d'ici, dit le capitaine ; qu'en pensez-vous ?

— Ce, ce, ce, ce n'est pas mon affaire, répond le pilote.

— C'est comme on voudra, » disent les matelots.

Du fond de ses cordages, le barbier de l'Inde, desserrant les dents pour la première fois depuis Wassini, soupire doucement :

« A terre ! A terre ! Au nom de votre père et de

votre mère, débarquez mon âme, car elle s'en va. »

Et, la tête dans la marmite, Séliman lance à l'Océan cette insulte : « Coçonne de mer ! »

Ayant donc ainsi recueilli l'avis de son conseil, le capitaine reprend :

« Eh bien, partons, puisque tout le monde est de mon avis. Miséricorde! Six matelots et pas un homme! Viens ici, quelqu'un. Bon, attrape-moi la vergue, vire à gauche, et vite... Qu'Allah nous prenne en pitié! Tu dors, Dyuma? Ali, Omari, Amé!... »

Et pendant que le capitaine parle toujours, le plus robuste des matelots a saisi la vergue pour essayer de la tourner. Mais le vent s'engouffre dans la voile mal roulée, et pendant cinq minutes c'est une lutte magnifique; l'homme est jeté sur le pont, il se redresse, il regagne du terrain, il est de nouveau étendu, il se relève, il est lancé en l'air, il embrasse le bout de la vergue avec toute la force que donne à la généralité de l'espèce humaine le désir de vivre, et, dans un mouvement heureux, le vent qui l'a emporté le laisse retomber comme un poisson énorme sur la batterie de cuisine, déjà bien avariée, du pauvre vieux Séliman. Pendant ce temps, l'ancre avait été levée, le boutre tourne, la vergue monte le long du mât, la voile se déploie toute grande, et nous voilà partis... Mais que de fois encore, unis de sentiments au barbier et au cuisinier, nous soupirons nous-mêmes avec un ancien :

... O terque, quaterque beati,

ceux qui plantent en ce moment des choux sur le plancher des vaches ! »

Il est nuit lorsque nous faisons de nouveau notre entrée à Wassini. Nous sommes trempés, fatigués, brisés, misérables ; mais nous connaissons Vanga, et nous avons des huîtres !

III

Mombaz est le nom d'une ville située dans une baie peu profonde, sur un îlot enclavé dans la côte orientale d'Afrique, à deux cent quarante et un kilomètres au nord de Zanzibar (4°, 4' lat. S.), et à huit jours de vapeur d'Aden.

Le nom indigène est *Mvita*.

Vu du large, cet îlot, qu'on traverserait en moins d'une heure, n'apparaît pas distinct de la terre ferme. Cependant les deux passes, quoique étroites, ont toujours assez d'eau (de dix à vingt brasses) pour que les plus gros navires puissent y entrer et y trouver un abri suffisant. Un point, à l'ouest, reste guéable à marée basse : c'est *Makoupa*.

La côte est peu élevée; mais la mer ne l'abandonne jamais complètement, et l'on n'y voit point ces longues forêts de palétuviers, qui s'étendent ailleurs comme une ceinture de détritus et de boue, d'où s'élèvent perpétuellement les odeurs infectes et les fièvres miasmatiques. Du reste, des bosquets de cocotiers, ombrageant de petits villages, donnent à ce rivage africain un aspect agréable; et les montagnes, qui s'échelonnent à peu de distance et dont on aperçoit les arêtes se dessiner sur le bleu du ciel, achèvent ce tableau qui, sans être grandiose, n'est cependant pas sans beauté.

C'est au fond de cette baie toujours verte, et qu'anime ordinairement la voile de quelque boutre qui passe, qu'apparaît, sur la passe du nord, la ville de Mombaz.

A mesure qu'on approche, on voit plus distinctement, d'abord, un haut pilier qui sert aux navires de point de repère, et, à côté, les restes d'un vieux fortin à demi ruiné, où dorment cinq ou six canons invalides sous une couverture de lianes. On en trouve cinq pareils dans l'île, avec trois de ces piliers.

A l'entrée du goulet se dresse le fort, bien ébréché aussi, mais encore imposant pour ces pays perdus, où toute construction en pierres apparaît comme un monument, et cachant dans ses murs, que décorent de grosses touffes de parasites en fleurs, ce que l'on trouve si rarement en Afrique : un passé, une histoire.

Vanga. — Lutte contre le vent.

La ville, qui peut abriter dix ou quinze mille âmes, vient ensuite. C'est un amas un peu confus de maisons en pierres construites dans le goût arabe, blanches et grises, neuves et vieilles, propres et misérables, toutes sans ordre, élevant leurs terrasses au-dessus d'une foule de cases plus humbles, couvertes en feuilles de cocotier, et qui se pressent les unes contre les autres, comme les noirs dans un campement. Au fond, sur la grande terre, se masse le riant paysage de *Kisaouni*.

En dehors de la ville, l'îlot n'est pas habité. Comme la plupart de ceux qu'on trouve sur la côte, ce n'est autre chose qu'une table épaisse de madrépores, portant une mince couche d'humus, que les plantes de la région voisine ont envahie partout.

L'eau douce y est rare, et il faut, pour l'avoir, aller la chercher dans des puits creusés dans cette couche solide et d'une profondeur extraordinaire.

Dans les campagnes, peu nombreuses et mal tenues, on cultive surtout le sorgho, le manioc, les patates, les ambrevades, etc. On rencontre quelques troupeaux de chèvres et de moutons, et les bœufs réussissent bien. Par ailleurs, en dehors d'une végétation assez maigre qui couvre surtout la partie faisant face à la pleine mer, on rencontre partout d'énormes bouquets d'arbres, d'arbustes et de broussailles, souvent impénétrables, que traversent les manguiers, les tamariniers, les baobabs, et d'où s'échappent ici et là quelques têtes de cocotiers. C'est dans ces fourrés que nichent les tourterelles; c'est là que les singes vont cacher leurs rapines; c'est dans ces lianes que, de temps à autre, un léopard de la terre voisine vient établir sa demeure; c'est là-dessous, dans des ruines que l'on vous montre, qu'habitent les esprits du lieu et les ombres des ancêtres; c'est au pied de ces grands arbres enfin que dorment dans leurs tombeaux respectés ceux qui ont fondé la ville, ceux qui l'ont commandée, ceux qui l'ont défendue, ceux qui sont morts pour son indépendance.

La population actuelle, comme il a été dit, ne paraît pas monter au delà de quinze mille âmes.

Les Arabes, peu nombreux, y forment la haute société : à toute heure du jour on les rencontre, visiteurs ou visités, assis devant leurs maisons, sur ces bancs de pierre connus sous le nom de *barza*, arrosant leurs lèvres de leur petite tasse de café, parlant du malheur des temps ou ne disant rien, mais toujours graves. Près d'eux, quelques Banyans, venus de Katch ou de Bombay, trouvent moyen, à force d'économie et d'adresse, de ramasser l'argent disponible. Une cinquantaine d'Indiens musulmans travaillent dans ce même sens. Ce qui reste forme la population proprement dite : ce sont des Swahilis, tous musulmans, hommes polis, parlant bien, travaillant peu, priant quelquefois, rasés de frais, habillés de neuf, et, quant à la peau, assez noirs pour n'être pas blancs, assez blancs pour n'être pas noirs.

Souvent aussi d'autres figures se montrent, surtout au marché, plus naïves, plus simples, plus noires aussi, et moins chargées de linge : ce sont des « sauvages », des Wanyika, des Wadigo, qui sont venus de la Grande-Terre apporter leurs poules, leurs chèvres, leurs bœufs, et chercher en échange un peu de linge, du sel, des verroteries ou du fil d'archal. D'autres encore arrivent qu'on distingue tout de suite à leur haute stature, à leur profil plus régulier, à leurs grands colliers de cuivre, à leur corps chargé d'amulettes, à leur habit sommaire et inconnu du savon, à tout leur aspect enfin d'une sauvagerie plus belle et plus imposante : ceux-là sont des Wakamba, même des Gallas, peut-être des Massaï, tribus plus fières, plus indépendantes, plus terribles aussi, et dont l'œil se promène sur cette demi-civilisation de Mombaz avec un air de dédain naïf et superbe.

Tout ce monde, pour le temps du moins qu'il

passe à Mombaz, obéit aux ordres du gouvernement de Sèyi Bargash, sultan de Zanzibar, dont le pavillon rouge flotte à l'entrée de la ville, au haut d'un grand mât.

La garde en est confiée à une garnison de soldats, logés dans l'antique et vaste forteresse. Ce sont des Béloutchis, qu'on rencontre par groupes aux angles des rues : on les reconnaît à leur robe d'un jaune sale, comme leur peau, à la ceinture de cuir qui les serre, à la longue épée qu'ils traînent, à leur nez en bec de vautour, à leur front ridé, à leur barbe rare, à leurs yeux demi-fermés, à tout leur air, je voudrais cependant être charitable, suffisamment abruti.

Au fort, les têtes de leurs femmes se montrent où furent les gueules des canons, et sur les créneaux où coula le sang des Portugais eux-mêmes, les « enfants de troupe » étendent, pour le faire sécher plus vite, le linge de la famille.

Ce qu'il y a de plus intéressant à Mombaz, c'est son passé.

Un vieux chef que j'ai rencontré sur la terre d'en face, à *Likoni,* buvant un bol de lait sous un manguier, au milieu de ses vaches, raconte que ses premiers conquérants furent les Wamvita, descendus de Kilifi, au nord. C'est de là que lui serait venu son nom indigène de *Mvita,* qui peut se traduire par *la Guerrière* et qui est comme le résumé de son histoire.

Son autre nom de *Mombassa* ou *Mambassa* serait arabe, et on le trouve pour la première fois dans des récits de voyageurs et géographes musulmans, datant du XIIᵉ siècle de notre ère.

Ce qui est certain, c'est que cette ville est relativement très ancienne. Le commandant Guillain, qui a publié en deux volumes un ouvrage devenu rare [1] et auquel j'emprunterai presque tout ce que je rapporterai de l'histoire de Mombaz, a prouvé que, bien avant leur conversion à l'islamisme, les Arabes faisaient déjà avec cette côte un commerce assidu, commerce surtout d'esclaves, de noirs, dont on rencontre de temps immémorial une grande quantité à Mossoul, à Bagdad, à Bassora, partout.

Mais lorsque Mahomet se fut emparé de la nature religieuse et sensuelle à la fois des fils d'Ismaël, la presqu'île arabique jeta sur les terres et les mers d'alentour des flots toujours grossissants à mesure qu'ils avançaient, flots d'hommes qui se trouvaient être à la fois des émigrants, des conquérants, des commerçants, des soldats et des missionnaires. Et c'est là, pour le dire en passant, ce qui a fait par-

---

[1] *Documents sur l'Afrique orientale.*

tout le succès de la colonisation arabe. L'Arabe, instinctivement, s'assimile l'indigène; il le pénètre de ses mœurs, de ses idées, de sa foi. Pour obtenir ce résultat, d'ailleurs, le civil ne s'applique pas à vexer le militaire, le fonctionnaire ne méprise pas le marchand : tous, au contraire, se font comme un devoir patriotique et religieux d'enrôler dans leur croyance ceux qui passent à leur service; après quoi, la colonisation est faite, et elle reste inébranlable.

Les premiers colons de ce genre à la côte orientale d'Afrique furent les Émozéides, qui, vaincus dans une insurrection, vinrent occuper ici quelques points et s'y fortifièrent. C'étaient les partisans de Zéid, petit-fils d'Ali, cousin et gendre de Mahomet (739 de Jésus-Christ et 122 de l'hégire).

Vers 1100 de Jésus-Christ (400 de l'hégire), il y eut de Shiraz une émigration pareille. Et il est probable que des rapports de plus en plus fréquents s'établirent, dès lors, entre l'Afrique et la Perse, car un très grand nombre de chefs de la côte se disent, encore aujourd'hui, descendre des Shiraziens : leur type d'ailleurs diffère visiblement de celui des noirs indigènes comme de celui des Arabes.

Quoi qu'il en soit, ce ne fut cependant que dans le

cours du XVIe siècle qu'un scheik shirazien, établi depuis quelques années à Mombaz, put soustraire cette île à l'autorité du sultan de Zanzibar, qui était arabe.

Mais déjà on avait aperçu, venant du sud, de grands navires montés par des hommes blancs, qui savaient, à l'aide d'un instrument merveilleux, se diriger à travers des mers inconnues : c'était Vasco de Gama et sa flotte. Parti de Lisbonne le 8 juillet 1497, ce grand homme avait pu doubler le cap de Bonne-Espérance, et, au commencement de mars de l'année suivante, il jetait l'ancre devant la ville de Mozambique. Lorsque le gouverneur, qui était musulman, eut reconnu que les étrangers étaient chrétiens, il s'empressa de leur donner deux hommes, chargés, dit-il, de les conduire au sultan de Kilwa, de qui il dépendait. Ils les conduisirent droit à Mombaz, où des embûches savamment préparées devaient les faire périr. Heureusement, Gama s'en aperçut à temps, il leva l'ancre et gagna Malindi (Mélinde), où il fut bien reçu et où des pilotes qui n'étaient pas des traîtres lui furent accordés pour Calicut. Il y arriva le 28 mai 1498.

La route des Indes était ouverte.

Dès lors, c'est dans ces mers une lutte à outrance pendant laquelle les armes ont pu être pour un moment cachées, mais déposées, jamais. On sait, du reste, qu'elle dure encore, cette lutte; et chaque année qui passe peut nous réserver une surprise nouvelle.

Il est inutile et il serait trop long de relater même les principaux détails de ce combat séculaire, dans lequel malheureusement les chrétiens ont parfois oublié, vis-à-vis des musulmans et des païens, le rôle élevé de civilisateurs qu'ils avaient à remplir. Mais pourtant l'existence si tourmentée de cette petite cité africaine ne me paraît pas sans quelque intérêt.

Vasco de Gama y arrive donc en 1498.

En 1499, Ravasco, qui venait de s'emparer de Zanzibar, impose à Mombaz un tribut annuel.

En 1505, Almeida, vice-roi des Indes, prend la ville et la brûle.

En 1529, Nuno da Cunha, fils de Tristan, revient à la charge et l'emporte d'assaut.

En 1586, entraînée à la révolte par un aventurier ture du nom d'Ali-Bey, elle est de nouveau incendiée et soumise par Affonso de Melo.

En 1589, elle est reprise par Ali-Bey; mais, bientôt après, Thome de Souza, allié à des tribus païennes et féroces qui font des Mombaziens un carnage épouvantable, s'empare d'Ali et l'envoie à Lisbonne, où il meurt chrétien.

En 1592, Mombaz se révolte encore; mais elle est saccagée par une tribu guerrière, les *Waségué- dyou*, dont on trouve encore aujourd'hui de nombreux représentants dans le pays. D'après une chronique arabe, le sultan d'alors était un shirazien, très connu sous le nom de Shéhé Moita. Son tombeau, qui, du reste, n'a rien de remarquable, se montre à Mombaz, près du pilier du fond de la passe du nord; celui de son père est à côté. Et chaque année, lorsque revient la fête du Neirouz ou premier jour de l'année persane, tous les habitants de la vieille cité, hommes, femmes et enfants, se rassemblent autour de cette tombe pour y exécuter au son du tambour une danse particulière. Alors, pendant qu'on chante et qu'on offre en sacrifice du lait, des cocos, de l'argent, un énorme serpent sort de terre, à ce qu'on dit, balance un instant la tête et se retire : c'est l'esprit du vieux chef.

Après la disparition de ce vaillant champion de son indépendance, Mombaz fut gouvernée par les scheiks de Malindi, qui étaient restés les fidèles alliés du Portugal et que le Portugal voulut récompenser.

Ce fut à cette époque que le vice-roi Mathias d'Albuquerque (1594) construisit « avec des pierres toutes taillées et apportées du Portugal », dit la chronique arabe, la forteresse qui domine aujourd'hui la passe et qui porte encore l'écusson du vice-roi. Elle fut achevée deux ans plus tard par Francisco da Gama.

Mais, remarque un historien portugais, Mombaz paraissait destinée à avoir pour commandants les officiers les plus insolents et les plus avides.

En 1614, l'un de ceux-là, Manoel de Melo Pereira, amena l'assassinat du premier des scheiks de Malindi, Ahmed, qui fut remplacé à Mombaz par son frère et par son oncle.

Cependant Ahmed avait laissé un fils, Youssouf, qui, à l'âge de sept ou huit ans, avait été envoyé à Goa, où il fut élevé par les religieux augustins et baptisé sous le nom de Geronimo Chingoulia. En 1630, on l'appela à la sultanie de Mombaz. « Quand il eut en main le pouvoir, dit la chronique arabe déjà citée, il gouverna très tyranniquement, il força le peuple à manger de la chair de porc, il fut méchant et infidèle. » Or un jour qu'il avait été surpris faisant des cérémonies suspectes en l'honneur de son père, craignant d'être puni par le gouverneur, il rassembla trois cents noirs qui lui étaient dévoués, se rendit à la forteresse comme pour faire à son chef une visite solennelle, et au moment où l'on échangeait ces démonstrations amicales dont les Arabes sont si prodigues, Yousouf se précipite sur le gouverneur, Gomboa, et le tue de sa main. Au même instant, sa troupe se jette sur la garnison sans défiance et la massacre tout entière. L'aumônier disait alors la messe, et la femme du gouverneur et sa fille y assistaient : ils ne furent pas épargnés. Les Portugais de la ville se réfugièrent alors dans le couvent des augustins et s'y défendirent pendant sept jours. Enfin, sur la promesse qu'ils auraient la vie sauve, ils sortirent; mais Yousouf les fit un à un percer de flèches, hommes, femmes, enfants, prêtres et soldats, jusqu'au dernier.

Cette œuvre sanglante accomplie, Yousouf se hâta d'abjurer la foi chrétienne, et les chefs de la Côte, poussés par lui, n'eurent rien de plus pressé que de massacrer, à son exemple, les Portugais présents parmi eux.

A ces nouvelles, le vice-roi des Indes, Miguel de Noronha, envoya une flotte pour reprendre possession de la cité rebelle. Mais celui qui la commandait échoua et fut obligé de se rembarquer (1632).

Cependant Yousouf, qui soupçonnait un retour offensif auquel il ne pourrait cette fois résister, fit transporter à bord de deux navires portugais abandonnés toute l'artillerie disponible, démantela la citadelle, rasa la ville, coupa les arbres à fruits, ravagea les campagnes, s'empara de tout ce qu'il put emporter, et, laissant derrière lui l'île en feu, il fit voile pour l'Arabie. En 1636, c'est-à-dire quatre ans plus tard, on le retrouve à Madagascar, chez les musulmans de Mbwéni (côte ouest), où les Portugais essayèrent en vain de s'emparer de sa personne.

Pendant deux mois, ajoute Guillain, l'île de Mombaz ne fut qu'un désert silencieux, où ne s'élevait que cette mystérieuse voix des ruines qui donne aux hommes de si austères et, souvent, de si inutiles leçons.

Enfin, le résident de Zanzibar, Pedro Rodrigues-Bothelho, informé de ces événements, se rendit en personne à Mombaz, en reprit possession et commença à relever la cité détruite. D'après une longue inscription qu'on lit encore au-dessus de la porte principale, ce fut en 1635 que la forteresse fut réparée : le capitaine-major Francisco de Sexas et Cabeira y dit que ce fut son œuvre, et il ajoute qu'il soumit tous les chefs qui s'étaient révoltés sur la côte à la voix de Yousouf.

En 1660 apparaît un autre ennemi, les Arabes de Mascate, qui avaient déjà chassé les Portugais du golfe Persique. Fatigués du joug de ces derniers, les Mombaziens vont porter leurs plaintes et leurs offres à l'imam du sultan Bin-Sef, de la famille des Yâreby, qui est heureux d'y répondre, et qui, après cinq années d'efforts, réduit la place et y met un gouverneur.

Reprise bientôt après par les Portugais, Mombaz, oppressée de nouveau, réclame de nouveau l'imam, et, en 1698, les chrétiens sont chassés sur toute la côte, de Guardafui à Delgado.

Une fois encore, trente ans plus tard, les Portugais reviennent à la charge et reprennent Mombaz. Alors, dit la chronique, les Swahilis de la ville tinrent conseil et allèrent trouver les Portugais :

« Nous avons entendu, avancèrent-ils, que l'imam d'Oman rassemble une armée pour venir vous assiéger; que pensez-vous faire?

— Et vous, leur fut-il répondu, qu'en dites-vous?

— Nous, dirent les Swahilis, nous pensons que vous devez distribuer aux habitants le riz en paille que vous avez, afin qu'ils le pilent, et qu'on vous le rende tout blanc. »

Cet avis fut trouvé bon, et tout le riz en paille qui se trouvait dans le fort fut distribué. Mais les Mombaziens ne le rendaient point. Enfin le jour de la fête des Portugais arriva et tous sortirent du fort pour aller à l'église. Aussitôt on se précipita sur eux et on les égorgea. Ce fut la fin (1728).

Cependant les Mombaziens en revenaient toujours à l'imam de Mascate. Après avoir essayé de se gouverner eux-mêmes, ils demandèrent un Arabe, et c'est en 1739 qu'on voit pour la première fois à la tête des affaires de Mombaz un membre de la famille des *Masroui*, Mohammed-ben-Osman. Quelque temps après, l'imam, qui était de la famille des Yâreby, mourut en Oman, et l'un de ses gouverneurs, Ahmed-ben-Saïd, de la famille des Bou-Saïdi, prit sa place. Dès que le gouverneur de Mombaz connut cet événement, il se déclara indépendant.

« Avant, dit-il, l'imam était mon égal; il s'est emparé de Mascate, je m'empare de Mombaz. »

Et depuis lors c'est une lutte perpétuelle entre ces deux familles, car il paraît décidément que Mvita ne peut vivre en paix.

Un moment, les Mazroui, qui s'étaient tournés vers le gouverneur anglais de Bombay et le capitaine Owen, qui faisait alors l'hydrographie de ces mers, purent se croire en sûreté vis-à-vis de l'imam. C'était en 1824. Mais la convention qui plaçait Mombaz, Pemba et une partie de la côte sous le protectorat britannique n'ayant pas été ratifiée par le parlement, Sëyid Saïd, de Mascate, reprit courage, et, de 1828 à 1830, il parut quatre fois devant Mombaz avec des forces imposantes. Enfin, grâce aux divisions de Mazroui et à la trahison dont ils furent souvent victimes, Sëyid Saïd parvint à s'emparer, dans un guet-apens qu'on leur avait préparé à Mombaz, de vingt-cinq ou trente des principaux d'entre eux. Transportés à bord d'une corvette pour être envoyés à Zanzibar, où résidait Saïd, ils furent de là dirigés sur Mascate et Bender-Abbas, où ils sont morts en prison.

Cependant quelques-uns s'échappèrent lors des premières arrestations, et, sauvant leur liberté au prix de leurs biens, ils s'enfuirent sur la Grande-Terre. Bien des fois, depuis lors, ils ont essayé de rentrer en possession de l'ancienne autorité de leur famille; mais les forces dont ils disposaient n'étaient pas en rapport avec les efforts de leur énergie. Mbaroukou, leur représentant actuel, après avoir lutté jusqu'à la dernière heure contre Sëyid Bargash, fils de Sëyid Saïd et sultan actuel de Zanzibar, avait voulu appeler à son aide les Anglais d'abord, et, fatigué sans doute d'attendre, les Allemands ensuite.

Mais ni les Anglais ni les Allemands n'avaient besoin de son entremise pour se donner au Zanguebar la part qu'ils y voulaient prendre; car, depuis, d'autres Européens ont grandi, et l'Arabe, devant eux, est réduit à l'impuissance.

Enfin, cette année même, 1887, une autre organisation commence. A la suite des projets de conquête de l'Allemagne sur ces pays, une commission a été nommée et un accord s'est fait : au sultan Sèyid Bargash on a laissé Zanzibar et, sur la côte, une largeur de dix milles anglais; à l'Allemagne on abandonne de vastes territoires, au sud et au nord; à l'Angleterre enfin on cède, pour qu'elle y développe son influence à l'heure propice, une assez belle étendue entre le Kilima-Ndjaro et le Kénya, jusqu'au Victoria-Nyanza, et dont Mombaz est regardée comme la porte.

La France, qui avait proposé la commission, ne s'est rien réservé.

Le Portugal, profitant de la circonstance pour régler une ancienne querelle de frontières, a pris au nord du Mozambique la baie de Tongui. Et, pour en finir avec tous, Mbaroukou s'est réfugié dans les montagnes de l'intérieur, où il attend.

L'Angleterre, elle aussi, attend. Elle a voulu que, pour le moment, rien ne fût changé à l'ancien état de choses, et voilà pourquoi aujourd'hui, quand on entre à Mombaz, on voit le pavillon rouge de

Séyid Bargash flotter au-dessus de la vieille forteresse que Mathias d'Albuquerque bâtit, que Yousouf démantela, que Francisco de Sexas restaura, que les Mazroui entretinrent, que les Bou-Saïdi ont prise, et où des soldats béloutchis font sécher leur linge.

Ces détails historiques, sans être nécessaires, n'étaient cependant pas inutiles pour éclairer la situation de Mombaz au point de vue religieux.

Les premiers habitants, évidemment, furent païens comme toutes les tribus voisines.

L'islamisme y fut apporté par les Arabes, les Shiraziens et les Swahilis du nord. Mais jamais, en dehors d'un mince ruban de côte, les musulmans ne paraissent avoir voulu faire de propagande religieuse chez les populations de l'intérieur.

Lorsque les Portugais, après les luttes que l'on sait, se furent établis en ces pays, au lieu de se substituer aux autorités anciennes, ils s'appliquèrent à gouverner par elles. Les scheiks indigènes restaient donc, mais on plaçait à côté d'eux et au-dessus d'eux des officiers européens chargés de les diriger, de les surveiller et de percevoir les douanes: c'est ce qu'on appelle aujourd'hui exercer le *protectorat*.

Il existait dans l'Afrique orientale deux circonscriptions de ce genre : celle de Mozambique et celle de Mombaz.

Cette dernière était gouvernée par un capitaine-major, disposant d'une garnison d'environ cent hommes : sa juridiction s'étendait depuis le cap Delgado, au sud, jusqu'au cap Guardafui, au nord, et sur les îles de Pata, de Lamu, de Pemba, de Zanzibar et de Mafia.

Les Portugais, en pénétrant dans ces mers, ne laissèrent pas complètement dans la métropole leur foi et leur culte. Cependant ils ne paraissent pas avoir fondé d'établissement religieux à Mombaz avant la construction de la citadelle en 1594. Saint François-Xavier, qui partit de Mozambique le 15 mars 1542 et qui aborda à Malindi quelques jours après, dit bien qu'il y trouva un cimetière plein de croix, au milieu desquelles l'une d'elles se dressait plus grande, très bien faite et toute dorée. Mais, ajoute le P. Bouhours, le saint eut une sensible douleur que le signe de notre salut servît moins là pour édifier les vivants que pour consoler les morts. Ces croix avaient été dressées par les marins portugais, mais aucun prêtre ne paraît avoir résidé à Mélinde.

Plus tard, néanmoins, après les franciscains qui avaient précédé à Goa saint François-Xavier et ses

compagnons, vinrent les enfants de Saint-Dominique, qui s'établirent au Mozambique, puis ceux de
Saint-Augustin, qui se fixèrent à Paza (île de Pata),
à Zanzibar et à Mombaz. Les jésuites, au sud,
furent les premiers qui tentèrent, et avec succès,
de porter dans la vallée du Zambèze l'influence
civilisatrice et paisible de la religion chrétienne.
Mais la présence des missionnaires gênait les fonctionnaires européens dans le gouvernement non pas
de leurs districts, mais de leurs personnes, et le
marquis de Pombal y mit bon ordre : par lui les
missions cessèrent, et, du même coup, la fortune
du Portugal tomba.

Quant aux augustins de Zanzibar et de Mombaz,
ils ne paraissent pas, d'ailleurs, avoir étendu le
cercle de leur action en dehors des garnisons portugaises qui résidaient dans ces villes : c'étaient,
avant tout, des aumôniers militaires, et nulle trace
n'est restée de leur passage, si ce n'est, ici et là,
quelques chapelles qui ne se reconnaissent même
plus à leurs ruines.

Ce siècle cependant, où la science a voulu qu'aucune partie du globe ne lui fût inconnue et la foi
que nulle non plus ne lui restât fermée, ce siècle
devait rapporter à ces rivages malheureux le don
de la civilisation chrétienne; ils l'avaient entrevue, .

mais dans des circonstances, hélas! qui ont dû singulièrement diminuer devant Dieu leur faute de ne pas l'avoir acceptée.

Lors donc que Mgr Fava fut envoyé de Bourbon, en 1860, pour fonder une mission catholique en ces pays, il s'arrêta à Zanzibar, qui était et est encore le point le plus important de toute cette côte. Mais déjà Mombaz était occupée par deux églises protestantes anglaises, de sectes différentes, fortes de la protection déclarée de leur consul, et riches de ressources énormes.

Devenu préfet apostolique du Zanguebar, le R. P. Horner compléta le voyage d'exploration de son prédécesseur en visitant, en 1866, les tribus des Wadigo et des Waséguédyou qui s'étendent de Pangani à Mombaz. Mais la pénurie dans laquelle il se trouvait l'empêcha de fonder aucun établissement de ce côté.

Plus tard, le P. Étienne Baur fit dans ces parages une nouvelle excursion.

Enfin, Mgr de Courmont est arrivé, il y a trois ans, dans la portion de la vigne que le Père de famille lui avait destinée : c'est à Mombaz qu'il a d'abord foulé la terre du Zanguebar, qu'il a donné sa première bénédiction, bénédiction, hélas! qui n'est alors tombée que sur des ruines et qu'il n'a pas dépendu de ses désirs de rendre plus immédiatement féconde.

Mais enfin la convention dont il a été parlé et qui abandonne à l'influence anglaise, si libérale et si intelligente dans ses rapports avec les missions catholiques, les pays situés au sud et au nord de Mombaz, entre Vanga et Kipini, marque l'heure où, pour ces pays, un nouvel ordre de choses ne saurait tarder de commencer. Et c'est dans cette perspective, qui est une espérance, que j'ai été envoyé à Mombaz, en attendant que le prélat parcourût lui-même ces contrées inconnues et immenses, qui ouvrent au missionnaire un champ d'autant plus envié qu'il est plus nouveau, qu'il paraît plus difficile, et que finalement, avec plus de sueurs, il demande peut-être plus de sang.

La ville de Mombaz, qui, pour le moment du moins, serait l'entrée des nouveaux pays à conquérir, ne promet pas sans doute un ministère bien fécond, au moins près de la population indigène. Mais c'est, pour l'établissement d'une procure, un point nécessaire. Il est visité par nombre de boutres swahilis, arabes et indiens; un paquebot de la *British India Company* s'y arrête tous les mois, et on y trouve les principaux articles de commerce qui ont cours dans ce pays. Là aussi s'organisent de nombreuses caravanes pour Paré, pour le Kilima-Ndjaro, pour le pays de Massaï, pour le Victoria-Nyanza; et, dans l'avenir peut-être, la nature du terrain et l'absence de la *tsétsé*, qui interdisent à d'autres parties de l'Afrique l'emploi du cheval, du bœuf, du mulet, du chameau, pourraient ici permettre d'essayer ces moyens de transport. Enfin on se trouve là à la portée de tribus très intéressantes, complètement sauvages, il est vrai, mais d'un type supérieur aux populations du sud, et pouvant offrir, en vertu même de leur caractère plus indompté, plus de prises à la vérité et à la morale chrétiennes.

Le pays, du reste, est sain, et la population s'y montre très sympathique aux missionnaires français, que les œuvres de Bagamoyo lui ont fait connaître.

Aussi, y ai-je été accueilli, entouré, je dirai même fêté comme un ami de vieille date, et jusque sur le navire où je venais de monter pour rentrer à Zanzibar, des Arabes de l'île et des chefs swahilis de la côte m'ont suivi, me priant de ne pas tarder à revenir au milieu d'eux, de m'y fixer, d'y ouvrir des écoles, d'y guérir les malades, m'offrant au besoin des maisons et des campagnes.

Mais déjà l'acquisition désirée était faite. C'est une campagne relativement étendue, située à l'entrée de la ville, au sud-ouest, et pourvue d'un puits qui en fait la richesse, un de ces puits énormes, dont j'ai parlé et où toute la journée le public vient faire sa provision d'eau : c'est un service, mais pas une servitude.

Coupable déjà de tant de longueurs pour tout ce qui précède, je ne veux que nommer les tribus principales sur lesquelles Mombaz nous ouvre la porte.

Ce sont, en premier lieu, les Wadigo et les Wanyika, qui habitent le littoral et sont d'un accès relativement facile. Plus au sud, les Wasambara, dans un pays accidenté, bien arrosé et très fertile, connaissent déjà les missionnaires et les appellent. En remontant la rive gauche du Pangani, on trouve Paré, dont les habitants sont en relation avec la mission de Mhonda. Au pied du Kilima-Ndjaro, qui élève sur toute cette région, à plus de 6000 mètres d'altitude, sa tête mystérieuse et chargée de neiges, habitent les Watchaga. Sur l'immense plateau qui s'étend à l'ouest, jusqu'au Nyanza, errent les tribus plus ou moins terribles des Wakavi, des Wakamba et des Massaï. Un groupe considérable de Gallas, descendu du nord, s'est arrêté à peu de distance de Mélinde; et sur les rives du Tana, naviguable jusqu'au pied du massif du Kénya, habitent les Wapokomo. Enfin, s'il faut les nommer aussi, nous aurons à notre portée les Çomalis de l'intérieur, qui, à eux seuls, se chargeraient, au besoin, de rendre à l'Église autant de martyrs que l'Église leur donnerait de missionnaires.

Voilà le nouveau champ d'action : il est immense!

Pour l'occuper, il faudra des hommes de bonne volonté, et il faudra des ressources. C'est dire que nous allons, encore une fois, nous confier au Dieu qui suscite les apôtres et qui les fait vivre.

Dans ses études sur les Germains, Frédéric Ozanam raconte que, après les dernières invasions des barbares, lorsque les églises d'Occident semblaient encore avoir besoin de tous leurs prêtres, on vit un religieux franc, nommé Anscaire, partir pour aller conquérir à Jésus-Christ les Normands de la Scandinavie. Une école de douze enfants rachetés sur les marchés d'esclaves commença la civilisation des deux royaumes. La résistance fut longue et opiniâtre; mais enfin, trois cents ans plus tard, une église chrétienne s'élevait sur les ruines du temple doré d'Upsal.

Eh bien! nous essayerons de faire de même.

Au lointain pays des Francs, on peut espérer qu'il se lèvera encore des Anscaire. Et comme on plante sur les montagnes dénudées et stériles des forêts nouvelles qui devront y rappeler les pluies et la fertilité, ainsi peu à peu on travaillera ici à planter de jeunes colonies chrétiennes qui attireront, de plus en plus abondante, la grâce d'en haut et prépareront pour les siècles à venir la blanche moisson des âmes.

IV

Nous avons pu sortir ce matin de Mombaz.

Poussés par un bon vent, nous passons devant Kuruitu et Takaungu, et à trois heures, tournant à l'ouest, nous entrons à Kilifi.

C'est une rivière très profonde à son embouchure, et dont les berges élevées, actuellement tapissées d'orchidées en fleurs et couvertes de broussailles, font bel effet et bonne impression.

Nous jetons l'ancre vers la rive droite, devant un village appelé Mnarani (à la Colonne) et qui est l'emplacement de l'ancienne ville de Kilifi, aujour-d'hui disparue.

A Mombaz, on nous a donné une lettre de recom-mandation pour celui qui y détient l'autorité, et nous nous empressons d'aller la lui remettre. Mais, déjà averti de notre arrivée, Aziz s'avance, et, du plus loin qu'il peut se faire voir et entendre, il ouvre sur nous sa grande bouche ornée de trente-deux magnifiques dents blanches et s'écrie en riant d'une oreille à l'autre :

« Bonzour, ma pères, comment ça va ? »

Nous, qui croyions être en ce pays perdu les seuls humains parlant français, nous sommes tout à coup saisis d'un sentiment d'admiration, respectueux et doux, en nous entendant saluer dans la langue de la patrie. Instinctivement les formules de politesse sont laissées de côté pour faire place à cette question :

« Comment ! vous parlez français ?

— Oui, répond Aziz, beaucoup, beaucoup. Connais dire encore : Bonzour, Monsieur ! Bonzour, Mondame ! Va te laver ! Mille tonnerres ! Zut ! Fameux zig ! »

Et pendant que, tout émerveillés de ses connaissances littéraires, nous regardions, il ajoute en riant aux éclats :

« Dam ! après ça, connais plus... Boum, Frisepoulet ! Crapouille ! »

Introduits immédiatement sous la varangue d'une belle case où il avait fait ranger des chaises sur un tapis de perse, nous sommes bientôt mis au courant de l'histoire de notre hôte. Aziz est un grand, jovial et excellent garçon de cette antique famille des Mazrui, longtemps assez puissante à Mombaz et sur cette côte pour y balancer la fortune des sultans de Zanzibar. Il a voyagé, et sa fortune l'ayant un jour conduit à Nossi-Bé, il est resté quatre ans, espace suffisant, — tout le monde en conviendra, — pour loger sous un crâne des notions mêlées de philologie, de littérature et d'histoire.

Inutile d'ajouter que l'accueil est excellent. Aziz se met à notre entière disposition. Il nous comble de prévenances, il nous donne tous les renseignements désirables; c'est un compatriote.

Le reste de la soirée est employé utilement à faire aux crabes une chasse en règle.

Ce matin, nous sommes allés à Takaungu à pied. C'est une localité relativement considérable, à une heure environ au sud de la rivière de Kilifi, où nous avons jeté l'ancre.

Le chemin qui y mène court perpétuellement sous un fourré de broussailles, hautes et épaisses. A droite seulement, quelques champs de sorgho, de manioc et de sésame; le maïs, qu'on exporte en grande quantité de la contrée, est cultivé sur les hauteurs.

Le soleil d'Afrique fait aujourd'hui son devoir consciencieusement, et quand nous arrivons, après avoir passé en canot la lagune qui sert de rade et escaladé la hauteur escarpée sur laquelle la ville est bâtie, la sueur coule à grosses gouttes sous nos chapeaux en moelle d'aloès.

Takaungu et le pays qui l'entoure dépendent, comme toute la côte, du sultan de Zanzibar. Mais l'influence de la vieille famille arabe des Mazrui, qui a fourni les premiers gouverneurs de Mombaz pour le compte de l'imam de Mascate, y est restée très grande. Elle est actuellement représentée ici par le scheik Salim bin Hamis, frère de ce Mbaruku, aujourd'hui retiré sur les collines de Duruma, près de Mombaz, après avoir longtemps guerroyé contre le sultan; et Sèyid Bargash, pour ne pas avoir le scheik Salim aussi comme adversaire, n'a rien trouvé de mieux que de le faire gouverneur. Depuis Kurnitu, au sud, jusqu'à Watamu, au nord, son autorité est incontestée et toute-puissante.

Le scheik est actuellement à Gondjora, en amont de la rivière de Kilifi, et nous irons l'y voir. En son absence son lieutenant ou *akida* nous reçoit fort bien, car, chez les Mazrui, les traditions d'honneur et d'hospitalité sont proverbiales. Nous sommes donc introduits au *barza*, et comme le bruit s'est tout de suite répandu que des hommes très remarquables du peuple français, un grand *sharifu* et son

Gondjora. — Un cycas. — La rivière de Kilifi.

fils, avaient fait leur entrée à Takaungu, nous sommes bientôt entourés de la garnison entière, composée de cent vingt Béloutchis plus ou moins borgnes, pendant que le reste de la population se masse à la porte pour nous contempler.

Mais c'est bien autre chose lorsque nous sortons, précédés de deux soldats, pour visiter la ville. Jamais encore, depuis Zanzibar, nous n'avions obtenu tel succès de phénomènes : les enfants, les hommes, les poules, les femmes, les chèvres, tout se précipite sur nos pas, nous considère, nous écoute, nous suit, nous précède et nous admire. Ce triomphe ne peut réellement se comparer qu'à celui d'un groupe de Fuégiens ou d'Ashantis campés sur la pelouse du Jardin d'acclimatation de la bonne ville de Paris, lorsqu'un beau soleil amène autour d'eux les troupiers disponibles, les collégiens, les membres de l'Institut et les bonnes d'enfants. Que faire ? Le mieux est encore d'en prendre son parti et d'écouter sans rire ce que la société pense de vous :

« Le grand est plus beau que le petit : je crois que c'est le maître.

— Imbécile, c'est son père ! tu ne vois pas qu'il a la barbe de même couleur et le même chapeau ?

— Ah ! ah ! le petit, celui-là, là..., là..., euh ! quel nez pointu !

— Parle pas si haut, donc : il l'a compris !

— Va lui dire bonjour... »

Et tout en prêtant l'oreille à ces réflexions intéressantes, nous observons la ville. Elle est dominée par une sorte de citadelle et bien bâtie. La plupart des maisons sont en pierres, et on distingue des rues. Somme toute, Takaungu n'est pas sans importance. Malheureusement l'entrée du port est si étroite, resserrée qu'elle est entre deux rochers de madrépores, que beaucoup de boutres jugent prudent de ne point la tenter et vont à Kilifi faire leur chargement.

Au retour de notre promenade, l'*akida* nous emmène en sa propre demeure sous une varangue donnant sur une cour intérieure, où nous sommes à l'abri des regards profanes, mais où le soleil de midi lance une lumière éblouissante. Nous nous asseyons sur une natte de choix, et l'on ne tarde pas à nous servir un repas en règle qui, franchement, vaut mieux que les inventions extraordinaires de notre vieux Séliman : du *halua*, du mouton en ragoût, des galettes chaudes de farine de froment, de l'eau, du sirop, du thé, du café et, pour couronner le tout, de petits biscuits *Huntley Palmers*.

Quand la chaleur est un peu tombée, nous nous remettons en route pour le village d'Aziz, où nous

avons laissé le *Salama*. Deux soldats nous précédent, deux espèces de Bédouins aux longs cheveux
noirs, huileux et bouclés ; ils sont armés de leurs
grands fusils dont ils tiennent constamment la
mèche allumée en cas d'alerte, et, forts de cette

Takaungu. — Vue de la passe.

escorte, nous suivons vaillamment un autre chemin
ombragé d'autres broussailles.

Avant la fin du jour, il nous reste encore assez de
temps pour visiter l'autre bord de la rivière. Il est
inculte. Nous y trouvons seulement les ruines de
l'ancienne ville de Kioné, et, à côté, un petit village
où l'on nous offre des citrons.

Près de là, un pauvre soldat garde le pavillon

qu'on hisse en notre honneur. Et quand nous approchons de la case du respectable fonctionnaire, lui-même s'avance, précédé de trois enfants rouges, presque nus, les pauvres petits, mais charmants.

« Leur père, dit le soldat doucement, avec une expression de douleur profonde et sincère, leur père était mon camarade, et voici sa tombe. J'ai pris soin des petits, je les élève, je les aime. Et aujourd'hui que vous passez, ayant appris que vous êtes des prêtres du pays de France, je vous les amène pour que vous vouliez bien accepter leur petit présent, cela leur portera bonheur. »

Et les orphelins, se mettant à genoux, nous ont remis chacun un œuf, les trois plus beaux œufs de leurs trois plus jolies poules. A leur tour, ils ont eu un cadeau, mais ils y ont paru moins sensibles qu'à la bénédiction émue que leur a donnée Monseigneur, au signe de croix qu'il a tracé sur leur front.

Lorsque nous rentrons, le jour est près de sa fin. Les pirogues de pêche reviennent lentement, fendant l'eau sans bruit et détachant sur le bleu sombre de l'horizon leurs petites voiles blanches. Les feux s'allument sur le rivage; les boutres qui nous entourent prennent leurs dispositions pour la nuit, et, pendant que la lune monte dans un ciel sans nuage, ciel immense, au milieu de ce silence solennel et mystérieux qui semble moins troublé qu'entretenu par le cours de l'eau, le chant lointain d'un inconnu, et tous ces bruits épars et indistincts qui se fondent le soir en une harmonie si douce, dans une atmosphère parfumée, tout à coup la voix du muezzin retentit au village qui domine la rivière. Aux premiers accents répond de l'autre rive un écho timide. La voix continue, traînante, mélancolique, étrange, mais bientôt plus rapide, saccadée, appelant à la prière avec une sorte d'insistance passionnée les fidèles dispersés dans les cases ou attardés dans les champs. Peu à peu, des groupes se détachent dans l'ombre, se rendant à la mosquée, les pêcheurs hâtent le pas sur la plage, et, dans les boutres, les matelots qui savent leur formule se prosternent, se relèvent, étendent le bras vers le ciel, frappent de leur front le plancher de leur petit navire et prient.

Et nous, chrétiens et prêtres, égarés si loin du village où l'angélus, à cette heure aussi, tombe en notes joyeuses du clocher que nous ne verrons plus, nous prions aussi.

Et tout cela fait rêver.

Et à la vue de ces pauvres musulmans d'une bourgade inconnue qui savent adorer l'Adorable, on pense tristement à ces chrétiens étranges qui ne prononcent le nom de leur Créateur que pour l'insulter.

Mon Dieu ! pareille à un être doué de vie et de sentiment, mais souffrant d'une fièvre atroce qui lui ôte et lui rend tour à tour l'intelligence des choses, la terre, à chaque seconde de son existence, respire en vous et vers vous. Mais que ce souffle est étrange, et de quels éléments divers il se compose ! Le parfum de l'innocence en prière mêlé perpétuellement aux vapeurs du blasphème ; le sacrifice à côté du sacrilège ; l'indifférence près de l'héroïsme enthousiaste ; le crime qui s'accomplit et la bonne action qui s'achève ; la douleur qui éclate et la joie qui déborde, voilà donc la respiration du monde, depuis qu'il est né.

Mon Dieu ! que l'homme est méprisable ! Et que vous êtes grand, patient et miséricordieux !

On nous a signalé deux localités importantes situées en amont de la rivière de Kilifi, Gondjora et Mtanganyiko : il faut que nous y allions. Le scheik Salim y réside, et Aziz, qui nous accompagne, sera notre introducteur auprès de lui.

Le boutre lève l'ancre de grand matin, et, profitant de la marée montante, nous entrons bientôt dans une espèce de baie intérieure très large et très belle. Au loin, les berges élevées sont couronnées de broussailles et de palmiers ; devant nous s'étagent de hautes collines de terre rouge, des villages apparaissent, et, après une navigation fort agréable, nous arrivons à *Kibokoni* (à l'Hippopotame); les grands boutres ne peuvent remonter plus haut.

Aussitôt que nous avons mis pied à terre, toujours avec Aziz, le petit village s'agite sous ses cocotiers. Un grand vieux de l'endroit accourt à petits pas nous faire ses civilités, et, comme l'occasion est solennelle, il a orné sa tête vénérable de sa plus solennelle coiffure : un bonnet de coton.

Elle aussi, la jeunesse nous entoure. On nous fait asseoir, on nous sert des cocos, et bientôt nous nous trouvons dans toutes les conditions requises pour escalader les rampes qui nous séparent de Giondjora.

Cette marche n'est pas sans intérêt.

La plaine que nous avons d'abord à traverser est bien travaillée, ornée çà et là d'une touffe de cycas, dont les Wasanyé recueillent le fruit pour le réduire en farine. Puis, arrivés sur les hauteurs, nous nous arrêtons au pied d'un arbre pour respirer un peu et jouir du coup d'œil : en bas, la plaine; plus loin, la rivière; au delà, de belles forêts; à droite, des collines couvertes de champs de maïs; et, à gauche, la nappe horizontale et bleue de l'océan Indien.

De cette crête nous n'avons plus qu'à descendre une pente douce pour arriver à Giondjora.

Gondjora, ce n'est pas ce que nous croyions : encore un exemple à ajouter à tant d'autres pour montrer que, dans ces pays, il est toujours sage de ne s'en rapporter qu'à ses yeux.

Qu'on se figure donc une vaste lagune intérieure communiquant avec la rivière et avec la mer par une sorte de canal naturel, tantôt à sec, tantôt couvert d'eau et de boue, et fermé par un cirque couronné par de petits villages. C'est là que descendent les Wasanyé et les Wanyika, les premiers avec du caoutchouc, du copal, de l'orseille, les seconds avec du maïs qu'ils cultivent en grand et que des boutres viennent chercher pour le transporter à Zanzibar, à Mombaz, à Pemba, à Lamu, au pays çomali et jusqu'en Arabie. La saison passée, Wasanyé et Wanyika disparaissent, et Gondjora reste seul avec sa population d'esclaves, sa lagune et ses fièvres.

Tout ce pays appartient à Scheik Salim. C'est un beau type d'Arabe, Scheik Salim, aux grands traits sémitiques, à la démarche lente, au dos un peu voûté, aux manières simples, naturelles et distinguées, à tout un ensemble enfin qui fait penser volontiers aux patriarches du vieux temps. Il est souverain, il est juge, il est propriétaire, il est père. Sa maison est ouverte à tous les passants, et nous y trouvons, avec un Galla magnifique, trois grands Çomalis allongés sous la varangue et reposant leurs têtes fines sur leurs oreillers de bois sculpté.

Nous sommes bien reçus.

Mais, comme nous jugeons inutile de passer ici la nuit, nous décidons d'en finir au plus tôt avec l'exploration de cette rivière et de nous transporter tout de suite à Mtanganyiko. Nous avons avec nous trois de nos matelots et l'inévitable Séliman; Scheik Salim ajoute quelques hommes et, comme garde d'honneur, son propre neveu. En route!

Ah! que dans cette chaude après-midi il y a eu de sueurs versées!

Tous ces environs de la rivière sont des lagunes tour à tour remplies d'eau ou affreusement desséchées. Si on veut les éviter, il faut escalader colline sur colline, et, si on les suit, affronter un soleil de feu, tantôt sur du sable embrasé et tantôt dans une boue glissante, chaude et infecte. Mais le plus difficile pour nous est de traverser les rivières où s'engouffre le trop-plein de la marée. En voici une. On dit bien qu'il y a un essai de pont fait de troncs d'arbres juxtaposés; mais, en ce moment, il est entièrement couvert d'eau : il faut le deviner. Un de nos matelots, qui flaire un pourboire, me persuade qu'il sera très honoré de me passer sur ses épaules et qu'il est en conséquence inutile d'ôter mes souliers. Monseigneur attendra le résultat de l'expérience. Nous voilà donc installés :

« J'aurai ma pièce, part en chantant Dyuma;... une, deux! Une, deux!... Pour acheter du tabac... Une, deux! Une, deux!... Avec une pipe... Une, deux! Une... voilà! »

En ce disant, Dyuma glisse, me lance à l'aventure, tombe et s'écrie :

« Ah! malheureux... Soutiens-toi sur l'eau! Père, soutiens-toi sur l'eau! »

L'expérience était faite. J'avais passé la rivière, n'étant mouillé que jusqu'au menton.

A Mtanganyiko, nous trouvons deux villages principaux; mais rien de remarquable. Toute l'importance de cette localité tient à ce que, dans la saison de la traite, de nombreux groupes de Wanyika, cinq cents, huit cents, mille et deux mille en un seul jour, y descendent pour vendre leur maïs aux Swahilis et aux Indiens. La saison passée, chacun rentre chez soi, et il ne reste là qu'une population assez restreinte et peu intéressante. La fièvre ici est perpétuelle, entretenue sans doute par ce mélange d'eau douce et d'eau salée qui est éminemment malfaisant. Plus haut, c'est le Giriyama, pays sain, fertile et peuplé. La rivière y porte un autre nom : le mot *Mtanganyiko* est spécial à son cours inférieur et signifie *mélange*, comme du reste Tanganyika.

Nous rentrons chez Scheik Salim harassés de fatigue, et il est presque nuit. Heureusement, l'excellent homme a eu la délicate attention de nous faire préparer un repas que nous acceptons très volontiers : un énorme plat de riz avec une sauce délicieuse et un ragoût de mouton. Aziz est de la partie, et, à son exemple, nous faisons honneur à la cuisine du scheik, sans même perdre le temps à regretter l'absence de la vulgaire fourchette, avantageusement remplacée par le pouce de la main droite et les quatre doigts qui lui font face.

Nous traitons ensuite nos affaires confidentielles avec notre hôte. Scheik Salim serait heureux de nous céder tout le terrain que nous voudrions, et, quant au reste, puisque nous cherchons avant tout les « sauvages », nous le trouverons toujours prêt à user en notre faveur de l'influence dont il dispose, et qui, en fait, est considérable.

Mais la journée n'est pas finie pour nous. Il s'agit maintenant de regagner notre boutre, à deux heures de là, par des chemins extraordinaires et à travers une nuit qui devient de moins en moins claire.

Nous nous acheminons tous à la file les uns des autres, selon l'usage des noirs et des canards. Pas d'accident remarquable jusqu'à cet endroit, où nous nous sommes une première fois arrêtés pour contempler le panorama de Kilifi. Mais, à partir de ces hauteurs, comme il avait fallu tantôt monter presque à pic, au grand soleil, il faut maintenant descendre, dans une obscurité profonde, une énorme saillie en pente, comme un toit, au pied de laquelle s'étend la plaine de Kibokoni.

Ce n'est plus une marche : c'est une dégringolade!

L'eau des orages a creusé profondément l'étroit sentier de chèvres où nous sommes engagés. Çà et là de grandes racines mises à nu passent en travers, et, nous prenant irrévérencieusement le pied au passage, déterminent un mouvement. Plongeant dans un fourré de broussailles, un cri d'effroi s'élève, la tête roule à l'aventure, et les bras, rencontrant un tronc d'arbre, le serrent avec effusion. Nous essayons divers systèmes : ils ont tous le même succès. Si, par exemple, nous allons un à un, en tâtonnant, le premier qui tombe à l'avant-garde peut avertir les autres; mais, avant qu'il ait insinué que le passage est difficile, ils l'ont déjà rejoint au fond de son trou. En se tenant tous au moyen de bâtons, on peut marcher; mais parfois aussi, la malice aidant, toute la grappe humaine roule et dégringole...

Enfin, après maintes évolutions plus ou moins invraisemblables, nous arrivons. On compte ses bras, ses jambes, ses têtes : rien de cassé. C'est un petit miracle.

Il est minuit. Nous retrouvons debout le volumineux fonctionnaire de tantôt; mais la tête au bonnet de coton dort profondément. Nous nous embarquons dans la boue, et, deux heures après, la brise de terre se lève, la voile se gonfle et le *Salama* descend lentement la rivière pendant que l'aurore jette un peu de lumière dans le ciel et que les matelots racontent au capitaine les aventures de cette merveilleuse journée.

Les fatigues de la veille nous avaient procuré un sommeil consciencieux. Sans nous en apercevoir, nous avions dépassé l'embouchure de Kilifi, et nous ne démandions pas mieux que de continuer en cet état, lorsque tout à coup nous sommes réveillés par un grand cri du capitaine :

« Miséricorde de Dieu! nous sommes perdus! »

Et une vague énorme, courroucée, vivante, roule vers nous sa masse comme une montagne en mouvement; notre pauvre vieux boutre est par elle emporté vers le ciel pour être, tout de suite après, jeté au fond d'un abîme, d'où nous apercevons la crête écumante d'une autre vague semblable à la première. Et ainsi pendant dix grandes minutes au moins. Le capitaine, cramponné à la barre, lance en soupirant ses oraisons jaculatoires. Soudain, sans que nul n'ait jamais su pourquoi, le vieux Séliman prend une trique à fond de cale, s'avance sur le gaillard d'avant et frappe les bastingages à grands coups, comme un fabricant de cercueils...

Malheur! Tout l'équipage se précipite sur lui : d'après les traditions des gens de mer, c'est là justement le moyen d'attirer sur nous toutes les calamités possibles.

« Voilà! s'écrie un matelot, c'est l'effet de la trique de Séliman. »

Et tout le monde de répéter avec épouvante :

« C'est la trique! c'est la trique! Malheureux! tu veux donc nous perdre! »

Et le pauvre vieux cuisinier, éperdu, fait un pas en arrière, chancelle, et, recommandant à Dieu sa pauvre âme, tombe dans la marmite...

A ce moment solennel, la dernière vague écumait derrière nous, et la barre de Kilifi était passée.

Nous poursuivons ensuite notre route le long de la côte, assez tranquillement. Les principaux villages à signaler sont Sénawé, Ganda, Uyombo et Wattamu. Au loin, des collines habitées par les Wasanyé.

Le pilier de Vasco de Gama. — La ville de Mélinde.

Le soir, vers quatre heures, une colonne blanche se détache sur l'horizon, et une longue ligne de maisons apparaît. Salut, Mélinde !

Salut !

Il y a trois cents ans, un missionnaire parut aussi dans ces mers, et dans une lettre qu'il écrivit ensuite et où il racontait ses impressions, comme nous racontons aujourd'hui les nôtres, il dit combien il fut agréablement surpris d'apercevoir du pont de sa caravelle une croix s'élever toute brillante au-dessus des tombes, appelant le salut sur ces plages.

La croix qui fit tressaillir le cœur de François Xavier est toujours là. La voici qui se dresse au-dessus de ce pilier aperçu en entrant et construit, dit-on, par Vasco de Gama. Mais le salut dont elle est le symbole n'est point encore venu, aucune des générations qui ont passé devant elle ne l'a adorée en mourant, et, depuis que les Portugais se sont retirés, est-il même un chrétien qui soit jamais venu s'agenouiller à son ombre ?

Notre première visite, à nous du moins, sera pour ce monument. O saint François Xavier, en ce lieu où vous avez prié et espéré, nous venons aujourd'hui prier à votre exemple et espérer comme vous. Nous aussi nous ne ferons que passer à Mélinde, mais notre désir est d'y revenir bientôt.

Faites que nous n'y revenions pas seuls, amenez-nous des missionnaires riches de vos vertus, et que, cette fois, les pays immenses sur lesquels votre ville donne accès accueillent avec faveur la bonne nouvelle de la Rédemption !

En mettant le pied sur le rivage, nous trouvons parmi la foule un négociant indien qui a connu nos confrères de Bagayomo, et qui insiste pour mettre à notre disposition une de ses maisons. Nous acceptons volontiers, et, pendant les quelques jours que nous passons à Mélinde, le logis d'Ali Dina nous sert à la fois de salle à manger, de dortoir et de chapelle.

Malindi, dont on a fait Mélinde, désigne, en swahili, un endroit de la mer où il y a beaucoup de fond. Peut-être les conditions du port ont-elles changé ; mais aujourd'hui il est loin d'être aussi favorable que semble l'indiquer son nom. La rade s'étend vers le nord comme un immense demi-cercle, et la vague, suivie de la vague, se précipite perpétuellement sur la plage sablonneuse et étincelante, à perte de vue, avec une majesté superbe qu'on ne peut se lasser de contempler.

Au sud, sur un rocher de madrépores dévorés par la mer, se dresse le pilier de Vasco de Gama. Dans les broussailles qui l'entourent, quelques ruines éparses, — peut-être les tombes des marins portugais signalées par saint François Xavier; — à droite, les campagnes, et enfin la ville elle-même, ensemble de maisons en pierres, couvertes de feuilles de cocotier, presque toutes semblables. Il n'y a point de chaux à Malindi : on est obligé de la faire venir de Lamu. Çà et là un puits, une mosquée, des ruines, et, au delà de la ville, de vieux tombeaux à colonnes qui ne sont pas sans intérêt.

La population est composée, comme toujours, d'Arabes, de Swahilis, de Béloutchis, d'Indiens musulmans, de Banyans, de noirs, lesquels sont presque tous esclaves. Elle est calme, et sur notre passage nous ne recueillons que des témoignages de sympathie.

Ali bin Dina nous aurait introduits chez le gouverneur; mais le gouverneur est parti, parti en guerre.

«Ce sont, nous explique un Arabe, ces misérables païens de Gallas qui en veulent aux musulmans. Depuis deux jours nous ne dormons plus. Dans les campagnes chacun veille, le fusil prêt à partir et le cimeterre à couper. Ces sauvages ont tué un Arabe et enlevé deux hommes à trois heures d'ici. »

En l'absence du gouverneur, l'akida nous reçoit en son barza. C'est une vaste salle ouverte à la brise de mer, et dont le seul ornement consiste en une grande natte étendue sur le sol. L'akida préside; près de lui le juge est assis sur ses talons, et, des deux côtés, les Arabes sont alignés pêle-mêle avec des Indiens et des Swahilis. Il y a « une plume et tout ce qu'il faut pour écrire ». Car c'est là que se rédigent les contrats, que se règlent les affaires, que se portent les condamnations et que circulent les nouvelles officielles. On demande tous les jours en Europe un moyen de simplifier la machine gouvernementale. Le voici : à côté de chaque maire, représentant l'autorité, mettre un juge, représentant la justice. Les parties intéressées seront leurs propres avocats, et il est à croire qu'elles trouveront bien assez de raisons pour ennuyer le maire et embarrasser le juge.

Mais revenons à Malindi.

« D'ici jusqu'en France, nous demande le juge, qui est visiblement le plus érudit; d'ici jusqu'en France, il y a loin?

— Oui, suffisamment.

— Et jusqu'en Angleterre?

— Aussi.

— L'Angleterre et la France se touchent?

— A peu près; seulement l'Angleterre est une île et la France un continent.

— Du côté de la Syrie?

— Pas tout à fait, un peu plus loin.

— C'est ce que je pensais. Du côté de l'Égypte?

— Encore un peu plus loin.

— C'est cela. Du côté de l'Inde?

— Oui..., à l'opposé.

— C'est ce que je voulais dire.

— Nous sommes d'accord.

« — Et cette terre-ci, — la terre d'Afrique, — est aussi une île?

« — Oui, maintenant c'est une île. Autrefois elle tenait au reste du monde par un morceau de terre; mais ce morceau, les Français l'ont coupé, et depuis la mer y passe, et les barques et les vaisseaux.

« — C'est ce que j'avais ouï dire : fameux hommes, les Français. Ainsi, ils coupent les terres?

« — Oui, comme du beurre.

« — Et les pierres aussi?

« — Comme du sucre.

« — Fameux hommes!... »

Et ayant bu la tasse de café réglementaire, on s'est séparé, remplis les uns pour les autres d'une admiration profonde.

Les terres voisines de Malindi sont fertiles, bien

cultivées, riches surtout en sorgho, dont il se fait une grande exportation.

Les propriétaires arabes et swahilis paraissent ici plus à leur aise, et on en signale qui disposent de cinq cents, huit cents et mille esclaves. Seulement, l'un d'eux nous explique qu'un courant fâcheux est donné. Depuis quelques années, pour peu qu'on les maltraite, ces noirs s'enfuient dans l'intérieur, à un endroit nommé Makongéni. Ils y ont constitué des villages, ils se sont choisi des chefs, et quand il s'agit de jouer un mauvais tour aux Arabes de la côte, on les trouve toujours prêts. Il paraît que ces *marrons* sont au nombre de six mille, hommes, femmes et enfants.

Pour nous, ce qui donne sa valeur à Mélinde, c'est que cette ville, comme Bagamoyo, comme Mombaz, pourrait servir de point de départ aux missionnaires pour pénétrer en d'immenses contrées que la carte laisse en blanc, mais que nous savons peuplées de tribus nombreuses et intéressantes : les Wanyika, les Wasanyé, les Gallas, plus loin les Wakamba, plus loin encore les habitants des montagnes neigeuses du Kénya, ceux du lac Mbaringo, ceux du lac Samburu, toute la vallée du Tana...

Mon Dieu! que de peuples encore qui vivent en dehors de la vérité!

Mélinde. — Ruines et tombeaux.

En Europe, ces choses-là s'oublient : on ne les voit pas, on ne les soupçonne point.

Et, du reste, tous les livres ne disent-ils pas que depuis Constantin le Grand l'univers est chrétien?

Hélas! et ces millions et millions d'hommes que depuis dix-neuf siècles la mort s'en va fauchant tous les jours avant qu'ils aient seulement épelé la première lettre de l'Évangile, qu'en faites-vous? Sans doute, ce ne sont point des Romains, ni des Italiens, ni des Français, ni des Espagnols, ni des Anglais, ni des Germains, ni des Slaves, mais ce sont des hommes, mais ce sont des âmes; et puisque Jésus-Christ les a comptés sur sa croix, il ne faudrait point les oublier dans vos livres.

Non, non, l'univers n'est pas chrétien. Il ne l'a jamais été. Qu'est-ce que deux cents millions de convertis, — et quels convertis! — s'il en reste huit cents millions à convertir!

Et pourtant il y a dans l'Évangile un commandement qui ordonne d'annoncer à toute créature que Dieu lui a envoyé un Sauveur et que le ciel est ouvert. C'est un ordre, ce n'est point un conseil. L'œuvre de la Propagation de la foi n'est pas dans l'Église une œuvre de surérogation.

L'a-t-on toujours ainsi compris, et le comprend-on partout ainsi dans la société chrétienne?

Chacun a-t-il fait pour la diffusion de l'Évangile ce qu'il devait faire, tout ce qu'il devait faire ? Comme tout musulman, tout catholique est-il un apôtre?

Mon Dieu, voilà ce que se demande le missionnaire sur tous les points du globe, lorsque, après avoir parcouru pendant des mois et des années des pays où l'autel du vrai Dieu n'a jamais été dressé, il s'arrête un soir et regarde autour de lui...

Au nord de Mélinde, derrière la pointe qu'on aperçoit là-bas, se trouve une ville dont on parle souvent, et qu'il faut que nous visitions : c'est Mambrui.

Nous partons à pied de grand matin, accompagnés de notre « fidèle Achate », je veux dire Séliman, et précédés d'un guide.

Il n'y a guère qu'un chemin, l'autre étant encombré de broussailles, et pour ce motif abandonné. Cette voie, dont l'entretien coûte peu au gouvernement, c'est la grève. Elle est magnifique et rappelle les plus belles plages européennes, moins toutefois les casinos et les cafés-concerts.

Nous voici en route. Mais nous ne tardons pas à nous apercevoir que les souliers et les bas sont ici un mobilier plus embarrassant qu'utile, et nous y mettons bon ordre.

Deux heures de cette marche sur un sable fin, dur et propre, où l'océan Indien nous fait le plaisir de venir à chaque instant nous baiser les pieds, — quel honneur! — nous amènent à l'embouchure du Sabaki, que les Gallas appellent Galana Manyé ou « rivière de la Mer ». C'est un cours d'eau relativement très long, puisqu'il descend du Kilima-Ndjaro, et que ses principaux affluents ont leur source aux extrémités de l'Ukamba; mais, comme beaucoup de fleuves en Afrique, il doit subir dans son parcours une déperdition considérable, car le volume d'eau qu'il verse à la mer n'a vraiment rien d'imposant. Nous trouvons fort à propos un passeur, nous entrons dans la pirogue, et quelques coups de pagaie nous mènent de l'autre côté.

Depuis Mélinde, les roches madréporiques ont disparu pour faire place à de grosses dunes de sable où croît une végétation rabougrie. Ces dunes s'étendent jusqu'à Mambrui et au delà; et sauf ces quelques points de la côte où percent encore les madrépores, on les retrouvera désormais jusqu'au pays çomali.

Voici la pointe extrême de la corne qui ferme au nord la rade de Mélinde. Quand nous l'avons doublée, Mambrui se montre tout de suite à nos regards, qui n'en sont point fascinés.

C'est une petite ville qui ressemble assez bien à toutes les autres. Quelques maisons en pierres, des cases en torchis, des murs inachevés, des tombeaux qui croulent, des monceaux de balayures, des Arabes, des Swahilis, des noirs, des soldats, des boutiques d'Indiens, des Banyans accroupis devant leurs coffres, des couffins de riz, de sorgho et de maïs, des couteaux, des miroirs, du fil et des poissons plats. Un grand troupeau de bœufs contemple la mer en ruminant, l'œil vague et l'air pensif. Au coin d'une vieille maison, un âne, branlant une oreille et baissant la tête, comme s'il avait eu des désagréments avec la vie, semble méditer un suicide. Et ce monde étant plein de contrastes, voici tout près de là des chèvres, espiègles comme une cinquantaine de pensionnaires, qui montent à leur dortoir en se donnant des coups de cornes. Ne soupçonnez point ici de métaphore; il n'y en a pas. Ce dortoir se trouve près de la mer : c'est une petite case bâtie sur des poteaux à quatre mètres de terre environ. Les chèvres y trouvent accès par un escalier disposé exprès pour elles, et, franchement, quand elles ont grimpé là-haut, qu'elles se sentent à l'abri des voleurs, des léopards et des vagues, et qu'elles regardent en bas l'espèce humaine, elles ont grandement l'air de se moquer de nous.

Derrière la ville, dans les broussailles, des restes de maisons, de mosquées et de tombeaux marquent l'emplacement du vieux Mambrui.

Nous trouvons l'hospitalité, une hospitalité excellente, chez un Indien auquel notre hôte de Mélinde nous a recommandés. Avec lui, nous visitons la ville et la campagne. Ce pays est très cultivé, et chaque année on en exporte des quantités considérables de sorgho; on y trouve aussi de l'orseille et du sésame. La première de ces plantes, l'orseille, est, comme on le sait, une espèce de lichen qui s'attache aux arbres et fournit une substance tinctoriale. Le sésame est une plante herbacée et annuelle, dont la graine donne une huile excellente.

Malheureusement, Mambrui n'a pas de port convenable : ce qui en sert est encombré de rochers et n'a pas un fond suffisant. Aujourd'hui même, sous nos yeux, un boutre chargé, à marée basse, de trois cent soixante sacs de riz et de sorgho a été envahi par la marée montante, et tout a été perdu.

Vers trois heures, nous songeons à rentrer à Mélinde. Mais la retraite est devenue difficile, d'aucuns mêmes disent dangereuse. C'est que nous avons aujourd'hui grande marée : toute la plage est couverte, et le petit ruban de côté qui reste encore à

sec sera-t-il partout respecté par les vagues?
A tout hasard, nous ôtons nos chaussures et nous
partons.

Cette marche est pittoresque, mais qu'elle est
fatigante! Le sable mouillé n'a plus sa consistance
du matin, nous enfonçons jusqu'à la cheville, et à
chaque instant la vague accourt en écumant, bouil-
lonne, se retire et revient nous arroser jusqu'à la
tête avec une indiscrétion injurieuse.

Enfin, après beaucoup d'efforts, nous rentrons
à Mélinde à la nuit tombante.

Nos affaires sont terminées; nous partirons demain. Mais le capitaine nous a avertis qu'il se trouve
au bout de ses connaissances géographiques : au-
dessus de Mélinde, la côte lui est étrangère. Nous
nous sommes donc mis en devoir de chercher un
pilote. On en trouve, mais la rétribution qu'ils
demandent tous est tellement exagérée pour nos
moyens, que nous nous en passerons. Que le Dieu
des missionnaires nous soit en aide!

V

Les cartes décrivent entre Mélinde et Lamu une courbe magnifique, à laquelle est donné en conséquence le nom de baie Formose.

La baie existe, très régulière, en effet, dans ses formes, très étendue, très pittoresque, « formose » enfin, mais à la condition d'être contemplée à distance. Les indigènes l'appellent Ungama, et racontent que dans les temps anciens ce pays fut submergé.

Au sud, cette baie est fermée par le Ras-Ngoméni, ainsi appelé à cause d'une ancienne ville fortifiée qui se trouvait près de là. Ngoméni signifie *à la forteresse*. Or, on nous a dit qu'on y rencontre beaucoup de Gallas ; nous voudrions aller voir.

Malheureusement, le capitaine ne connaît point ces parages ; les matelots affirment à l'unanimité que nous y serons mangés tout crus par les sauvages, et il ne nous reste pour nous diriger qu'une boussole de cinq sous, une esquisse de carte marine et Mohammed, un jeune homme que nous avons recueilli à Mélinde, et qui se rend à Lamu. C'est lui, pauvre garçon! qui avait chargé ce boutre couvert par la marée à Mambrui. Détail curieux : il a perdu dans cette malheureuse affaire beaucoup d'argent, lui qui est pauvre. Mais quand on essaye de le consoler, il répond avec étonnement :

« Eh! c'est l'affaire de Dieu. Moi, je n'ai qu'à le bénir! »

Nous partons.

La côte a changé d'aspect. Ce ne sont plus maintenant que des dunes rarement coupées par les rochers madréporiques que nous avons vus jusqu'ici. Le Ras-Ngoméni, que nous doublons sans encombre, est encore de cette dernière formation; mais, aussitôt après, les dunes reparaissent.

Nous voici dans la baie fameuse.

La mer est calme. La vague va mourir doucement sur un sable fin, et la plage s'étend là-bas, blanche et brillante. A gauche, de grosses dunes couvertes de broussailles informes; plus bas, des arbres verts qui paraissent être des palétuviers; et devant nous, au fond, une forêt magnifique taillée en dôme. Le silence de cette solitude a quelque chose de mystérieux et de solennel. Pas un être humain. Seuls sur la plage, quelques oiseaux au

Mombrui. — L'embouchure du Sabaki.

plumage d'une blancheur immaculée et resplendissante se promènent en pêchant ; plus prudent ou plus curieux, un énorme pélican s'est arrêté pour nous considérer, immobile.

Où donc est Ngoméni? où donc sont les Gallas?

Nous descendons, nous marchons longtemps, très longtemps. Et nous ne trouvons rien, si ce n'est des coquillages, de ces *coques* pareilles à celles de la baie du mont Saint-Michel, une baie submergée, elle aussi, mais non point, j'aime à le croire, pour le même motif que la baie Ungama. A la fin, Mme de Courmont se décide à rentrer avec un matelot, le seul qui se soit hasardé à l'accompagner. Mais, comme Mohammed me dit toujours que nous trouverons plus loin le village cherché, nous allons plus loin, nous allons, nous allons encore. Quelques vieux murs apparaissent dans un fourré qui borde la plage.

« Voilà, dit mon guide, l'emplacement de l'ancienne ville. Il ne reste que cela. Le nouveau village est plus loin. »

A l'horizon apparaissent en effet plus tard les toits d'une dizaine de cases misérables. Deux pêcheurs se présentent, nous introduisent et nous donnent à boire, car nous mourons de soif. Nous sommes à Ngoméni. Mais qu'il a fallu marcher pour ne rien voir! De temps à autre cependant, quelques Gallas descendent ici, mais aucun n'y réside. C'est tout.

Sans prendre le temps de nous asseoir, après seulement avoir avalé un peu d'eau malpropre et grignoté une poignée de sorgho nouveau, vite, vite, nous nous mettons en devoir de regagner notre boutre, car voici que la marée monte.

Au pas de course, nous battons en retraite,

Légers et court-vêtus,

nu-pieds sur le sable brûlant, sur les galets, dans les goémons, dans la vase, à travers les rivières et les larges flaques d'eau. Mais nous avons beau faire, le vent souffle, la vague accourt, la mer monte. Peu à peu nous sommes refoulés sur le bord de la plage, et bientôt force nous est de nous réfugier dans les palétuviers.

Qu'allons-nous devenir?

Sur les racines qui s'entre-croisent dans la boue infecte comme autant de familles de longs serpents noirs, à travers les branches qui nous barrent le passage, par-dessus les troncs des vieux arbres que la mort a couchés là, nous marchons, nous courons, nous sautons, pendant que, au-dessous, la vague clapote doucement, que la mer gagne toujours, que le jour baisse... Parfois nous trouvons d'heureux passages; mais ailleurs, arrêtés par un lacis inextricable, nous sommes obligés de faire un long détour et d'aller plus loin, au risque de nous perdre, chercher un couloir où nous rampons de notre mieux entre les racines et les branches. Ici, le fond est de sable, et c'est bien; mais là c'est une vase noire et affreuse. Ailleurs s'étend une large flaque d'eau où notre arrivée met en fuite toute une tribu de crabes. Sortirons-nous de là? La sueur nous coule à grosses gouttes, la fatigue nous accable, et, pour comble de malheur, la nuit va s'étendre dans un instant sur cette forêt sans issue, sans écho, sans espoir.

Écoutez! on dirait là-bas des coups de hache sur un tronc d'arbre. Sont-ce des Gallas? Sont-ce des pêcheurs?

Rassemblant toutes les forces qui nous restent, nous nous lançons du côté d'où le bruit nous est venu. Allons, par-dessus les branches, par-dessous la boue, par-dessus l'eau, en sautant, en tombant, en roulant, en rampant, en dégringolant, n'importe! allons toujours.

Tout à coup deux hommes, cachés derrière des troncs d'arbres, allongent la tête avec précaution, la hache d'une main, une trique de l'autre, l'œil flamboyant et la bouche ouverte. Miséricorde! c'est Mosi, et c'est Dyuma, deux de nos matelots qui sont descendus pour couper du bois et qui, entendant les branches mortes craquer au loin sous nos pas, avaient cru à l'attaque de toute une armée de cannibales, et qui, ne pouvant fuir, s'étaient résolus au moins à en faire un grand carnage.

Nous voilà sauvés. Mais l'embarcation est allée

porter au boutre un premier chargement de bois, et nous sommes obligés de l'attendre encore long-temps, les pieds sur le sable humide et les vête-ments trempés de sueur et de boue. A la fin, nous regagnons le bord. Il est temps, car il est nuit.

Devant Ngoméni passe une sorte de rivière assez profonde pour être remontée par les boutres de petite dimension, et qui va jusqu'à Gongoni (au dos de pays), endroit élevé, peuplé, cultivé, riche en sorgho.

Plus au nord, dans la baie, se dresse cette grande forêt que nous avons aperçue en entrant, et qui se compose uniquement d'énormes palétuviers dont le tronc, tout droit, sert à faire des poutrelles et du bois de charpente.

Au delà, c'est Maréréni (à l'orseille), petit village misérable, mais qui, pendant deux ou trois mois de l'année, prend une certaine importance, lorsque les gens de Mélinde, de Mambrui et de Lamu viennent y chercher l'orseille, très abondant dans ces parages. Il est recueilli surtout par les Wasa-nyé et les Gallas. Malheureusement, le port de Maréréni est mal famé, et des bancs nombreux en obstruent l'entrée. L'autorité du sultan de Zanzibar y est représentée par un soldat rouge, gardant un petit pavillon de même couleur.

Un peu plus loin s'ouvre un grand marigot nommé Kilifi, où les boutres peuvent entrer.

Voici le Tana.

Le Tana est l'un des plus grands fleuves de cette côte et l'un des moins connus. Les frères Denhart, en 1878, l'ont remonté jusqu'à Massa; mais on sait qu'il est navigable au moins jusqu'à un point nommé Haméwé qu'aucun Européen n'a atteint, et où deux rivières, le Kiluluma et le Mumoni, ont leur confluent. C'est entre ces deux cours d'eau que le Kénya, sous l'Équateur, élève à six mille mètres sa cime couverte de neiges éternelles.

Après un cours qui se poursuit en circuits innombrables dans une vallée constamment fertile, le fleuve se partage en deux branches à un point nommé Engatana. L'une, le Tana proprement dit, descend droit au sud. Son embouchure est difficile, à cause des bancs de sable et des palétuviers. On ne s'y aventure guère qu'avec la mousson du nord. L'autre branche est connue sous le nom de Pokomo; elle se dirige à l'est, communique avec le Tana, mais seulement à la saison des pluies, par une sorte de canal connu sous le nom de Bélésoni, reçoit des rivières descendant de Wito et va se jeter dans la baie Ungama, un peu au-dessous de Tchaka, qui la ferme au nord. Cette branche est beaucoup plus

Baie Formose. — Dans les palétuviers.

importante que la première, et on peut la remonter en toute saison.

A son embouchure se trouvent la ville et le port de Kipini, qui forment, avec Kau ou Ozi, dans l'îlot du même nom, la limite des possessions du sultan de Zanzibar. Nous voici, en effet, aux portes du territoire de Wito, gouverné par le sultan Simba, qui, pour échapper à Sèyid Bargash, s'est donné à l'empereur d'Allemagne.

Les deux côtés du fleuve sont habités par les Wapokomo (gens du Pokomo), qui en sont, pour ainsi dire, les propriétaires en même temps que les riverains. Rassemblés en de petits villages, ils ont des pirogues creusées dans de grands troncs d'arbres; et, pour une rémunération légère, les bateliers d'une localité transportent les étrangers à la localité voisine, où il faut prendre une autre pirogue, louer d'autres bateliers, payer un autre droit, et ainsi... jusqu'au Kénya. Ces Wapokomo passent d'ailleurs pour une tribu nombreuse, simple, douce et se livrant à l'agriculture. Leur langue est une de celles qui ressemblent le plus au swahili, dans toute cette partie de l'Afrique.

Depuis la rivière de Kilili jusqu'à celle de Shéri, on rencontre, dispersés dans les bois ou rassemblés en de petits villages, moitié fixés au sol, moitié nomades, les éléments d'une tribu singulière connue, au sud du Tana, sous les noms de Wasanyé et Walangulo, et au nord sous ceux de Waboni, de Watwa et de Wadahalo. On dit que ce sont les anciens esclaves des Gallas, dont ils ont gardé le costume et la langue; mais, au lieu d'esclaves proprement dits, peut-être serait-il plus juste d'entendre une ancienne tribu de famille bantu, jadis conquise et aujourd'hui dispersée. Les Wasanyé se livrent peu à l'agriculture, mais en revanche ce sont de bons chasseurs. Ils se servent de l'arc et laissent la lance aux Gallas.

Les Gallas ou Wagalla tiennent ce nom des Arabes, mais eux-mêmes se nomment Ormo, qui signifie *les hommes*, le reste apparemment ne l'étant point. C'est la plus importante tribu de ces parages. On la trouve proprement chez elle au sud du Harrar et du Choa. Mais, harcelés perpétuellement au nord par les Abyssins et impitoyablement traqués d'autre part par les Çomalis, ils ont d'année en année été refoulés vers le sud, et on les trouve aujourd'hui sur les deux rives du Tana, où les Wapokomo et les Wasanyé se reconnaissent comme leurs vassaux. Au point de vue ethnographique, on les range dans le groupe hamite, auquel appartiennent les Égyptiens, les Lybiens et les Numides de l'histoire, auquel se rattachent les Çomalis, et probablement les Massaï

Vieux guerrier galla.

et les Wakwavi. Comme ces dernières tribus, les
Gallas sont divisés en divers groupes distincts,
dont les plus connus sont les Bararata, dont le

chef habite actuellement Tchara, sur le Tana; les Kokawé, qui ont particulièrement à souffrir des hordes pillades et fanatiques du Gomal; et les Borani, qui habitent entre le Kénya et le Samburu. Mais tous ont à peu près les mêmes mœurs; ils sont pasteurs, souvent nomades, et naturellement grands chasseurs et grands guerriers. Leur type est remarquable par la régularité des traits, la finesse des attaches, l'élégance de la taille. Ils sont généralement noirs, très noirs, du moins ceux que nous avons vus; mais on nous affirme que chez les Borani, par exemple, les guerriers se battent à cheval et sont blancs comme nous. Une longue pièce d'étoffe jetée négligemment sur les épaules achève de leur donner je ne sais quel air superbe et sauvage; et quand on pense que tout ce beau peuple est païen, que l'hérésie abyssinienne le traque d'un côté, que de l'autre le fanatique brigandage des Gomalis le pourchasse, que la corruption musulmane enfin y envoie perpétuellement les pourvoyeurs de ses harems, on se sent pris, comme saint Grégoire à la vue des esclaves anglais vendus sur le marché de Rome, d'une immense compassion.

Mon Dieu! que votre vigne est grande, et qu'elle est déserte!

Nous doublons sans nous y arrêter la pointe Tchaka, où une ville s'éleva jadis, où régna le géant Liongo, et où l'on ne trouve plus que des ruines.

Il est évident que toute cette contrée a été beaucoup plus habitée et plus prospère autrefois qu'elle ne l'est aujourd'hui. Les traditions du pays le rapportent, et les restes de murs et de tombeaux, où l'on rencontre des poteries, des bronzes, des porcelaines, sont là pour le prouver. Les grosses dunes de sable n'existaient pas alors; c'est le Ciel qui les a envoyées, dit-on, pour punir la prodigalité impie et le débordement de vices des anciens habitants.

Au delà de ces dunes s'étend l'enclave allemande de Wito dont il a déjà été parlé. Au village de ce nom règne sur une population de Swahilis, de noirs et d'esclaves, le chef Simba (le Lion), qui a grand soin de se faire appeler sultan et qui pense bien que Sèyid Bargash n'est rien. Le pays est assez fertile : on y cultive surtout le cocotier et le sorgho.

La mousson commence à faiblir, et il est heureux que nous arrivions au terme de notre voyage. Le calme pèse au loin sur la mer, dont la brise a peine à rider la surface; la voile, qui se détend, vient d'un air flasque frapper contre le mât, et rien n'est moins gai que la longue figure somnolente et ennuyée des passagers et des matelots.

Que faire? En ces circonstances, l'équipage appelle le vent; mais le vent ne répond pas toujours à cette invitation. Rester sur le pont? la voile ne donnant plus d'ombre et la brise ne soufflant pas, le soleil, qui triomphe, vous inonde de ses rayons perpendiculaires. Contempler la mer « azurée »? sa placidité vous désespère. Observer les terres? leur monotonie ne vous dit rien. Il ne reste donc qu'à se réfugier dans la cabine, à s'allonger sur sa couchette, à se résigner, à suivre de loin les mouvements du vieux Séliman, dont les longs doigts crochus font au-dessus de la casserole des passes mystérieuses, à réfléchir enfin, et à mesure que les réflexions se déroulent, se compliquent et s'embrouillent, comme un écheveau de fil entre les pattes d'un chat, un doux sommeil finit ordinairement, dans une insensible transition, par vous créer la seule occupation qui convient aux circonstances.

Cependant, dans l'après-midi la brise se lève, la voile se tend, les figures se raniment. Mais nous sommes trop en retard, et il faut désespérer d'arriver aujourd'hui à Lamu. Mais où s'arrêter? Nous n'avons pas de fond pour jeter l'ancre, et le jour baisse.

Marchons toujours. Voici là-bas les îlots; si nous

pouvions y arriver, nous y trouverions peut-être un fond et un abri. Marchons.

Mais le soleil s'enfonce à l'horizon, rouge, énorme, emporté comme par son propre poids; la nuit s'étend tout à coup sur l'immensité de la mer, la côte se fond dans l'ombre, et les îlots eux-mêmes ont disparu : plus rien. La boussole et la carte en main, nous filons toujours dans la direction où nous les avons aperçus; les matelots sont au gaillard d'avant, sondant l'horizon d'un œil inquiet; tout le monde est silencieux : seul, un bruit de vagues frappant des écueils nous arrive de droite, de gauche, on ne sait d'où.

Tout à coup, un feu perce la nuit. Serait-ce un phare? Il n'y en a point dans ces parages. Serait-ce sur la côte un camp de Çomalis qui veulent, selon leur vieil usage, nous attirer et nous dépouiller? Il faut croire que non. Quoi qu'il arrive, nous nous dirigerons avec précaution vers ce point de repère inespéré. Une heure après, nous jetions l'ancre à l'abri des îles Ténéwi : des pêcheurs, venus la veille de Lamu et devant y rentrer demain, y faisaient tranquillement sécher leur poisson à la flamme d'un grand feu. Sans le vouloir, sans y penser, ils avaient été nos sauveurs.

Et ainsi passe la vie, quand on est missionnaire et matelot.

Il y a de longs ennuis, des retards imprévus, des alertes soudaines, des embarras compliqués, des préoccupations diverses, mais il y a des charmes, et, somme toute, nos hommes paraissent heureux de vivre.

Le jour, on profite du vent s'il est favorable, on louvoie s'il est un peu contraire, on attend s'il ne vient pas. Et ainsi, de cap en cap, on avance peu à peu : quand on a doublé une pointe, une autre se montre à l'horizon, et au loin en voici déjà une troisième. Lorsque le jour tombe, on se rapproche de terre pour trouver un fond; et si l'endroit est bon, on y jette l'ancre. On descend sur la plage, on aborde un groupe de pêcheurs, on devise avec les anciens, on emprunte une chique de tabac, on coupe du bois pour la cuisine, on renouvelle sa provision d'eau, on demande quelques renseignements, on se laisse inviter à boire une gorgée de vin de palme, on circule aux alentours, on s'assied à l'ombre d'un cocotier, on trouve parfois de bonnes aubaines. Enfin, on revient à la tombée de la nuit; le mousse a fait la cuisine. On se rassemble autour d'un énorme plat de riz, qu'arrose une sauce au coco et au safran et où s'étendent les restes mortels d'un poisson. On se rince la bouche pour conclure, et, après cela, il ne reste plus qu'à s'asseoir en rond, et à écouter, avec tout le respect convenable, une histoire assez longue pour vous endormir

Celle de ce soir ne vaut pas les autres à mon avis, mais elle est plus courte. *La Fille du sultan vendue par sa mère* a, par exemple, duré deux heures et demie pour le moins; et encore, lorsque tout l'équipage ronflait, la pauvre fille n'était pas encore née. Celle-ci est plus courte. Et quoique je me déclare impuissant à représenter la scène dans laquelle elle est produite, les matelots accroupis autour du capitaine, Séliman à ses côtés, le mousse par derrière, la vieille lampe enfumée qui se balance dans l'ombre, la lune qui, tout en tournant dans le ciel, éclaire par intervalles les physionomies de l'assemblée à travers les déchirures des nuages, les vagues qui viennent se briser contre les écueils, le feu qui flambe sur la plage, et les bruits lointains qui nous arrivent de ce pays inconnu, quoique tout cela ne puisse se rendre, je commence :

« Béni soit Dieu, débute le capitaine, qui m'a choisi pour faire votre éducation !... Tu dors, Dyuma?

— Pas encore, mon ancien. Je bâillais seulement de la bouche; c'est comme cela de père en fils, dans ma famille. Il ne faut pas se formaliser.

— Bien... Il y avait une fois un homme. Et cet homme avait sept enfants. Et parmi ces sept enfants, il n'y avait pas une seule fille.

— Tous garçons, interrompit Séliman aussitôt, pour montrer la vivacité de son entendement.

— Tous garçons, reprend le capitaine, et pas une fille. Et lorsque l'aîné fut déjà grand comme cela, il alla trouver son père et il lui dit : « Mon père! » Et le père lui dit : « Mon enfant! » Et l'enfant lui dit : « Donne-moi un couteau, et une lance, et un arc, et des flèches, et un carquois en peau de buffle. » Et le père lui dit : « Pourquoi? »

« Et l'enfant lui dit :

« — C'est qu'il y a dans l'étang noir un grand serpent qui fait beaucoup de mal au pauvre monde, et j'ai résolu de le tuer. »

« C'était la vérité pure. Il y avait dans l'étang bleu un grand serpent. Et ce serpent était de l'espèce qu'on appelle *Nondo*. Et tout le monde sait que cette bête-là avale une caravane comme vous et moi nous avalerions une mouche.

— Avec les hommes? demande Mosi.

— Avec les ânes? » ajoute Ali.

Dyuma, qui commence à donner inconsciemment des coups de nez dans le vide, ne fait aucune objection; ce que remarquant, le capitaine le pince charitablement dans un endroit où le pouce et l'index trouvent certainement prise, car un cri l'atteste. Le conteur continue :

« ... de l'espèce qu'on appelle Nondo. Et chacun sait, à moins de n'être pas plus civilisé qu'un oursin, que cette bête-là avale un navire de guerre avec la machine et les canons. Et le père dit : « C'est bien. » Et il donna à l'enfant tout ce qu'il avait demandé : un couteau, et une lance, et un arc, et des flèches, et un carquois.

— En peau de buffle? complète Ali.

— Buffle, concède le capitaine. Et l'enfant sortit de la case, et il s'en alla par la campagne, et il arriva près de l'étang bleu, et il appela le grand serpent. Mais depuis on n'en entendit plus parler. Et le père baissa la tête en disant : « Bien sûr, le pauvre petit a été mangé. Qui me le rendra? »

— C'est bien fait, dit Mosi : on ne s'expose pas quand on n'est pas de taille. »

Le capitaine s'adressant à son auditoire :

« Combien restait-il d'enfants?

— Peut-être huit, » fait Séliman.

A cette réponse étonnante du vieux cuisinier, tout le monde part d'un éclat de rire.

« Eh bien, quoi? fait Séliman, légèrement vexé.

Sept qu'ils étaient, et un de mangé, ça ne donne pas... sept..., huit?... Ah! oui, je confondais : je voulais dire six. »

Le capitaine :

« Juste cela. Il en restait six. Et le plus âgé de ceux-là dit à son père :

« — Père, à moi aussi donne un couteau tout neuf, et une lance, et des flèches, comme à mon frère qui ne revient pas, car il faut que j'aille le rechercher ou que je meure. »

« Et le père lui donna ce qu'il avait demandé, et l'enfant s'en alla et ne revint plus. Alors... Tu dors, Dyuma?

— Non, non, mon ancien : c'est seulement un œil qui se clôt, mais j'écoute de l'autre.

— Alors le troisième enfant, et le quatrième, et le cinquième, et le sixième, chacun selon son tour, alla se faire donner des armes et se dirigea vers l'étang jaune...

— Oh! là! là! interrompt Mosi, qu'il est donc de toutes les couleurs, cet étang? Noir, vert, bleu, et encore jaune à présent? »

Le capitaine, interloqué un moment, reprend avec un grand sang-froid :

« Pas d'objection! Et au surplus, si tu connais l'histoire, raconte-la toi-même, bec de mouette...

Finalement, ils ne reviennent plus, voilà. Et combien en restait-il? »

Tout le monde se tourne vers Séliman, qui, faisant appel à toutes ses facultés pensantes, répond avec un air modeste quoique digne :

« Cette fois, je crois qu'ils n'étaient plus qu'à qu'un.

— Qu'à qu'un, approuve le capitaine, et c'était le plus petit. Et lui aussi alla trouver son père et il lui dit :

« — J'avais six frères et voilà que les six sont partis et aucun n'est revenu. Père, fais-moi des armes : il faut que le serpent meure ou que je meure! »

« Et le père pleura :

« — Si tu pars, mon enfant, et si tu meurs, que deviendrai-je ici tout seul, vieux, triste et abandonné? Reste ici. »

« Mais, pendant sept jours, l'enfant ayant renouvelé sa demande, le septième jour son père lui donna une lance, rien qu'une lance, en se cachant les yeux de ses mains.

« Et l'enfant partit, et il marcha longtemps, et il arriva près d'un étang immense, et, comme il était fatigué, il se coucha dans les herbes et il s'endormit sur sa lance. Et pendant qu'il dormait, il aperçut…

— Oh! oh! s'exclame encore Mosi, comme si on aperçoit quelque chose en dormant!

— Certainement, fait toute l'assistance, pendant que le capitaine lance sur son impertinent matelot un regard effroyable.

— Nous en étions à l'enfant qui dort... Et il aperçut au plus haut du ciel un point noir qui, en s'approchant, grossissait, grossissait, et à la fin ce point noir devint un oiseau, et cet oiseau dit à l'enfant dans son langage :

« — Pourquoi dors-tu où personne ne dort? »

« Et l'enfant chanta :

<blockquote>

Il était six petits enfants,
 Petits enfants,
Qui partirent pour les étangs,
 Pour les étangs.
Et plus jamais leur douce mère,
 Leur douce mère,
Ne les revit, ni leur vieux père,
 Ni leur vieux père.
Et l'on dit que vilains serpents,
 Vilains serpents,
Ont avalé les six enfants,
 Les six enfants.
Et moi, je viens, leur petit frère,
 Leur petit frère,
Les rechercher pour leur vieux père,
 Pour leur vieux père.

</blockquote>

« Et quand il eut fini, l'enfant, le grand oiseau

Îles Ténéw..

battit des ailes et laissa couler une larme le long de ses plumes. Et de son bec ayant tiré quelque chose de noir comme le crottin d'un diable, il le laissa tomber par terre et il dit :

« — Enfant, le serpent que tu cherches n'est point ici ; mais son petit s'y trouve, et si tu le tues, c'est un signe que tu peux attaquer l'autre. »

« Et, s'étant levé, l'enfant ramassa le crottin noir, et il en frotta sa lance, et il partit, et il s'approcha tout près de l'étang, et il chanta dans les roseaux :

Aha ! Aha !
Près des bourbiers infects où l'on dit que se cache
Ton corps rampant,
Je suis venu : sors donc, si tu n'es pas un lâche.
Vilain serpent !
Aha ! Aha !

« Et, ayant ainsi chanté jusqu'au matin, le matin les eaux de l'étang commencèrent à frémir, et un grand serpent, ayant levé la tête au-dessus des roseaux et promené longtemps ses yeux autour de lui, siffla ces mots :

« — Qui est-ce qui m'insulte ? »

« Et l'enfant, l'ayant aperçu, s'enfuit sur le sable et tomba de frayeur. Et aussitôt le serpent, s'agitant dans sa colère, frappa l'eau de ses anneaux monstrueux, se précipita vers l'enfant et ouvrit sur lui sa grande gueule.

« — Frappe! » cria l'oiseau du haut des airs.

« Et l'enfant frappa, et la pointe de sa lance perça la peau du monstre, et le monstre tressaillit; et sa queue battait la terre, et son corps se tordait dans les herbes, et sa bouche vomissait un sang noir...

« L'oiseau chanta encore. Et l'enfant comprit qu'il lui disait d'ouvrir le ventre de la bête, et d'y chercher le fiel pour y tremper sa lance.

« Et il fit ainsi. Et quand il eut fini, il se remit en marche, et le soir du troisième jour il arriva sur le bord d'un étang beaucoup plus grand que le premier, et il s'assit, et il prépara son arme :

Aha! Aha!
Près des bourbiers infects où l'on dit que se cache
Ton corps rampant,
Je suis venu : sors donc, si tu n'es pas un lâche,
Vilain serpent! vilain serpent!
Aha! Aha!

« Il chanta toute la nuit. Et le matin, ayant regardé, il aperçut la tête effroyable d'un serpent énorme, énorme. Et le monstre s'approchait doucement. Et à l'instant où l'enfant ramassait sa lance, miséricorde! le serpent s'élance et tombe sur lui comme une chaîne de fer, avec un bruit épouvantable qui réveilla tous les oiseaux du marais...

« Un moment, on ne distingue plus qui est l'homme et qui est le serpent : l'un roule avec l'autre à travers la plaine, les cris se mêlent aux sifflements, les grandes herbes se teignent de rouge, le sable s'humecte de sang. Mais à la fin le monstre, percé de la lance et serrant l'enfant dans ses plis, s'élance dans l'air et pousse un gémissement. C'était son dernier soupir, et quand il retomba sur terre, il était mort!

« Le serpent était mort, et l'enfant évanoui.

« Et il resta deux jours ainsi, et après deux jours il fut réveillé par l'odeur de la bête, qui ne sentait pas le musc. Et, s'étant frotté les yeux, il se mit en devoir d'ouvrir le ventre de son ennemi pour voir ce qu'il y avait dedans...

« Réveillez-vous donc! crie tout à coup le capitaine avec énergie, en regardant son équipage. Debout, tas de brutes! »

Immédiatement, Séliman saute sur son vieux pistolet, Dyuma saisit la queue de la casserole, Ali donne un coup de tête dans la barrique à l'eau. Mais, s'apercevant bientôt de leur erreur, ils avaient cru à un abordage, ils se recouchent affectueusement près des huîtres, et le narrateur continue :

« Où en étais-je?

— Au ventre, fait un assistant.

— Oui. Et l'enfant ayant ouvert le ventre du serpent, miséricorde! voilà son grand frère! Il ouvre encore : voilà son autre frère! Il ouvre, il ouvre, il ouvre : voilà tous ses frères! Et il ne leur manquait pas un cheveu.

« Alors, vite, vite, il les prend dans ses bras, il les couche en rang sur le sable, il les frotte, il les lave, il les essuie, il les décrasse, il les débarbouille, et, ayant fini, il introduit délicatement dans le nez de chacun d'eux une pincée de tabac.

« — Pcha!...

« — Pchaf!...

« — Pchaf...à!

« — Réveillés! »

« Et tous les sept, se tenant par la main, se rendirent chez leur père, et le septième fut proclamé sultan, et nul de son vivant ne put résister à sa lance, comme vous allez voir... »

Et le capitaine, ayant bu une gorgée d'eau, allait raconter les hauts faits de ce règne merveilleux quand, ayant de nouveau jeté les yeux autour de lui, il s'aperçut que tout son auditoire ronflait harmonieusement. Il prit donc le sage parti de conclure et s'endormit à son tour, pendant que la vieille lanterne fumait toujours en se balançant dans l'ombre, que le feu continuait de flamber sur la plage et que la lune, au ciel, semblait encore accélérer sa course à travers les déchirures des nuages.

Le matin, de bonne heure, nous mettons le cap sur Lamu. Dyuma, étant déjà venu dans ce fortuné pays, est en conséquence posté à l'avant pour signaler la passe.

Dyuma, selon sa vieille habitude, commence par chiquer sa préparation de haschich et regarde... Peu à peu, la bouche s'entr'ouvre, un œil se ferme, puis un autre; l'esprit qui reste entreprend un long voyage au doux pays des rêves, et quand enfin un camarade obligeant lui verse une gargoulette d'eau sur la tête pour le réveiller, la passe est loin derrière nous.

Pendant que le malheureux Dyuma courbe le dos sous l'avalanche d'injures qui tombe sur lui de toutes parts, nous virons de bord, nous louvoyons, nous nous rapprochons de la côte; mais personne ne reconnaît le rivage.

Descendons toujours... Peut-être est-ce là... Omari grimpe au sommet du mât, lance sur l'horizon des yeux flamboyants, et, avec un enthousiasme qui rappelle la vigie de Christophe Colomb, s'écrie de toutes ses forces :

« Une ville !... avec des maisons dedans ! »

C'est bien. La terre que nous avons à droite est donc l'île de Manda, celle de gauche est Lamu. Entre les deux, voici la rivière baignant d'un côté le Ras-Kitao, et de l'autre le bourg de Shéla, pittoresquement assis au bord de l'eau, à l'abri d'une grande colline de sable.

Nous avançons toujours, surpris de voir des cocotiers verdir gaiement derrière ces plages à l'aspect si misérable, si aride; et voici enfin « la ville avec des maisons dedans », qu'avait signalée l'intelligente vigie. Amu, disent les indigènes, Lamu, prononcent les Arabes, et Lamo, orthographient quelques Européens [1].

La vue en est intéressante : d'abord, un massif de hauts cocotiers suivi d'une ligne de cases régulièrement bâties et se pressant l'une contre l'autre tout le long de la plage, pendant que d'autres se sont groupées là-haut sur deux collines qui se font face; au centre, la forteresse, et, devant, la place du marché. Pénétrons à l'intérieur : de grandes maisons en pierres, jadis blanchies à la chaux, surmontées de terrasses et presque dépourvues de fenêtres; des ruelles enchevêtrées l'une dans l'autre

______

[1] Les Anglais écrivent souvent *Lamoo* (pour prononcer Lamou); mais les Français auraient tort d'admettre cette orthographe : ils doivent écrire *Lamu* ou *Lamou*.

Lemm. — Village de Shellal.

avec un art qui rappelle l'ancien labyrinthe, des passages jetés par-dessus les rues, des couloirs, des escaliers, des montées, des descentes, des trous, des tas de pierres, des ruines; de temps à autre, un groupe auquel on se heurte dans l'ombre, un troupeau de chèvres qui passe, une vieille femme qui porte une jatte de lait sur sa tête et qu'on renverse, un âne qui regarde mélancoliquement devant lui sur le seuil d'une maison, surtout pas de soleil, pas de lumière, pas de verdure, voilà Lamu. On dirait une ville ancienne qu'on aurait exhumée de dessous les sables.

La population est presque entièrement composée de Swahilis : ils aiment à se donner pour ancêtres, sans doute par vanité, les Koraïshites qui régnèrent autrefois sur la Mekke. Ce qui paraît certain, c'est que, du temps de l'ancien Lamu, qu'on dit enseveli sous les dunes, cette population eut ses jours de gloire et de richesse, comme ceux de Mélinde, comme ceux de toute cette côte. Sans parler des relations enthousiastes d'anciens voyageurs arabes, des rapports des marins portugais eux-mêmes, on peut deviner cette prospérité passée aux ruines de tombeaux et de mosquées, à d'anciens travaux, à de vieilles poteries, à des bronzes, à quantité de porcelaines chinoises et persanes qui deviennent rares aujourd'hui, mais dont les Européens de Zanzibar ont pu faire de riches collections.

Hélas! ce peuple est bien tombé. Si quelques-uns des moins somnolents remontent encore le Tana, descendent jusqu'à Zanzibar et aux Comores, passent aux Bénadirs et poussent même en Arabie jusqu'à Mkeïlé, exportant surtout du sorgho, la plupart des autres bornent leur activité à se porter de temps à autre à leurs campagnes de l'île ou de la terre ferme, à revenir en ville sur leurs grands ânes blancs, à prier à la mosquée, à visiter les connaissances, à fumer le narguilé, et à promener nonchalamment, le long des rues étroites et sombres, leurs étonnantes personnes couvertes d'un turban à franges, vêtues d'une longue chemise blanche, chaussées de larges sandales et armées d'une badine légère.

Nous avons plusieurs jours à passer ici. Cédant aux instances de notre passager Mohammed, nous descendons chez lui. Il a une maison dont il veut absolument que nous acceptions l'étage, pendant que lui, avec sa famille, restera à l'entresol. Pour avoir la paix, nous nous y transportons, et la première chose que nous y remarquons, c'est que, du moins, si nous nous asseyons par terre et si nous couchons sur le plancher, ce sera bien notre faute : quatorze fauteuils sont à notre disposition, sans compter les chaises, et seize lits, sans compter les berceaux.

C'est un bon enfant, ce Mohammed, mais quelle existence! Il a dix-sept ans d'âge et un essai de barbe sous le nez; sa femme en a onze. Il est marié depuis deux ans; il n'est pas riche, et, quand on lui demande ce qu'il fait, il répond d'un air étonné :

« Mais rien du tout. »

La maison de notre hôte vaut mieux que notre boutre. Mais, tout de même, quel manque d'air et quelle chaleur! Aussi, nous passons presque tout notre temps à la campagne, sous l'ombre épaisse des manguiers : là, du moins, nous trouvons de la fraîcheur et de l'espace, et surtout que de visites nous évitons, visites sans fin et sans but de ce terrible monde qui n'a rien à faire!

Lamu n'est cependant pas sans importance. Un paquebot-poste de la compagnie anglaise *British India* y passe tous les mois et relie ce point à Zanzibar, à Aden et à Bombay; on y trouve, chez les Indiens et les Banyans, la plupart des articles nécessaires aux échanges, et de là on pourrait partir pour l'intérieur, pour le fleuve Tana, pour le pays galla, pour le Çomal. Mais les habitants ne voyagent pas, ou voyagent peu. Il est juste d'ajouter que, surtout vers le nord, le pays se trouve à peu près fermé par cet élément çomali, ramassis de hordes indisciplinées, querelleuses, fanatiques, avides, pillardes, ornées en un mot de toutes les qualités qui font le brigand.

L'île de Lamu, à son tour, n'est pas ce qu'on croit : derrière ce rebord de dunes stériles qu'on aperçoit de la mer, s'étend en effet comme une immense campagne toute couverte de cocotiers dont le vin jouit ici d'une grande faveur. L'eau douce est partout, et presque à fleur de terre. Cependant les vraies propriétés, celles qui rapportent, se trouvent presque toutes sur le continent.

La côte qui s'étend de Lamu à l'embouchure du Djuba appartient à la même formation et présente le même aspect. Les Arabes la désignent sous le nom de « Terre des Iles », et l'on admettra aisément que cette appellation est justifiée quand on saura que, sur une étendue de deux degrés (cinquante lieues), elle est semée de trois cent soixante-six îles ou îlots; c'est du moins le chiffre que nous ont donné les Swahilis et que rapporte à son tour la grande carte anglaise de Ravenstein, carte excellente, pour le dire en passant, et que nous ne nous sommes permis de corriger pour un certain nombre de noms qu'avec une extrême réserve et après informations consciencieuses.

Entre ces débris de terres et de rochers, c'est un véritable et perpétuel fouillis de rivières, de marigots, d'anses, de bras de mer, de baies, de bancs de sable, d'écueils et de petits ports que les cartes marines ne marquent point et où les indigènes se perdent eux-mêmes : le tout, naturellement orné de palétuviers, de mangliers, de filaos parfois, de toute une végétation qui avance ou recule d'année en année et contribue à donner à cet inextricable dédale une physionomie particulière.

Les principales de ces îles, après Lamu, sont Manda et Paté.

Manda possède au nord une baie large et assez profonde pour recevoir les navires de guerre. Mais cette île, où l'on trouve les ruines d'une ancienne ville, est aujourd'hui presque inhabitée : les gens de Lamu se contentent d'y défricher quelques campagnes et d'y envoyer leurs troupeaux de chèvres.

Paté, à proprement parler, ne désigne pas une île, mais bien un district et un village d'une île située au nord de Manda, et où l'on rencontre encore Siyu et Paza : noms que les Arabes prononcent

Batta, Siwi et Faza. Les habitants de cette petite terre, surtout ceux de Paté, sont connus sous le nom de Wagunya : c'est une race de pêcheurs et de mariniers, musulmans fanatiques et superstitieux, hardis, orgueilleux, insolents et très redoutés sur toute la côte. Leur type est à peu près celui des Waségédyu, dont le berceau se trouve sur la côte d'en face, mais qui sont depuis longtemps descendus vers le sud; nous les avons trouvés à Tanga. Ce sont eux que les historiens portugais désignent sous le nom de Mosegueyos. A Paté, du temps de la domination portugaise, il y eut une chapelle et un couvent de religieux augustins.

Kwayuu, au fond d'une baie, marque, au nord de la côte, ou *Mrima*, le point extrême des possessions actuelles du sultan de Zanzibar.

Plus haut, s'ouvre l'estuaire du fleuve Shéri, qui prend à son embouchure le nom de Ubushi. Au fond se trouve un port auquel les cartes marines anglaises avaient donné le nom de *Port Durnford*; les Allemands trouvant apparemment ce baptême invalide et cette appellation dure et longue lui ont substitué celle-ci : *Hohenzollernhafen.*

Après les îles peu importantes de Tula, Towaé et Koyama, nous arrivons à l'embouchure de ce grand fleuve inconnu dans son cours et dans ses

sources que les Swahilis nomment Vumbu, les
Çomalis Webi Ganané, et les Arabes Djuba.

Une rue de Lamu.

En 1868, le baron von der Decken était parvenu
à le remonter jusqu'à Bardéra; arrivé là, il fut tué
par les Çomalis, dans un guet-apens, avec presque
toute son escorte.

On nous a raconté que la coque de son petit vapeur, monté aux ateliers de la mission de Zanzibar, se voit encore échouée sur la rive, et que jamais on n'a pu forcer son coffre-fort qui reste dans une case voisine. Le voyageur allemand Kingelback, qui partit à la recherche du baron, fut empoisonné par le scheik des Gobrons de Gélidi.

La côte comprise entre Lamu et Barawa porte le nom de Bayun. Elle est surtout habitée par les Watwa, tribu noire dont il a été parlé et dont la paresse est passée en proverbe à Lamu. On y rencontre aussi quelques villages swahilis, et, particulièrement aux environs du Shéri, des Gallas, des Çomalis et des Bédouins; tous plus ou moins nomades, pasteurs, chasseurs et voleurs. La population y étant clairsemée, les animaux y abondent; les éléphants eux-mêmes, qui ont disparu du reste de la côte, s'y trouvent encore assez nombreux, ainsi que les rhinocéros, les zèbres, les girafes, les buffles et les antilopes de toute espèce. Ce serait le paradis du chasseur, si le plus grand ennemi de l'homme, qui est l'*homme,* n'était pas là.

Sous le nom de Bénadirs (de l'arabe *bender,* port) on désigne les ports de la côte çomali, baignée par l'océan Indien. Les principaux sont : Kisimayu, Barawa, Merka, Mruti, Mogdishu et War-Scheik.

Plusieurs de ces localités, anciennes colonies arabes et persanes, ont été jadis très florissantes; aujourd'hui elles participent à la décadence de tout le reste.

Ces ports, avec un territoire de dix milles anglais tout autour, appartiennent au sultan de Zanzibar. Du moins, il y entretient un gouverneur et une garnison, il y perçoit les produits de la douane et il y juge les différends qui s'élèvent dans la colonie arabe. Mais le fond de la population, qui se compose de Çomalis, y échappe à peu près à toute juridiction et se gouverne elle-même tant bien que mal au moyen d'un conseil des anciens. Le séjour de ces villes devient souvent dangereux. Cependant là aussi on rencontre parmi leurs étoffes et derrière leurs coffres les inévitables Indiens unis aux indispensables Banyans. L'amour du lucre triomphe de la joie de vivre.

Les principaux produits qui sortent des Benadirs sont des bestiaux, des peaux, de l'orseille, du sésame, de l'ambre, des cauris et diverses essences aromatiques.

Au delà des Bénadirs, jusqu'au cap Guardafui, et

de là aux confins du Harrar, du Shoa et du Kaffa, s'étend ce pays à l'aspect désolé où « le seul champ qu'on cultive, dit un voyageur, est celui des morts ». Les femmes cependant, auxquelles tous les gros travaux sont dévolus, plantent autant de dourah qu'il en faut pour vivre ; les hommes gardent les troupeaux, chassent et font la guerre ; les enfants s'amusent. Beaucoup de sable, peu d'eau, de grands espaces libres, de petits villages, voilà le pays çomali, à l'intérieur duquel aucun Européen n'a pu pénétrer.

Le Çomali appartient, comme le Galla, à cette famille des Hamites, qui ont dû, au jugement d'anthropologistes distingués, passer d'Asie en Afrique dès la plus haute antiquité. Le type, bien différent de ce qu'on a l'habitude d'appeler le type nègre, est d'une régularité remarquable, surtout chez les hommes : taille élancée, membres déliés, peau fine, teint noir ou café au lait, chevelure longue et soignée, front découvert, nez mince, lèvres petites, dents superbes, œil noir et immobile, intelligence vive, humeur indisciplinée, caractère sautillant, querelleur, inconstant, câlin, traître, insaisissable, capable de tout. A l'étranger et pris individuellement, le Çomali est toujours intéressant et parfois charmant ; chez lui et pris en

corps, il paraît presque inaccessible à l'influence
européenne.

C'était le plan de Mgr de Courmont de profiter
de la mousson du sud pour aller à Lamu, et de celle
du nord pour revenir à Zanzibar. Mais il se trouve
que les vents sur lesquels on comptait tardent beau-

Lamu.

coup à souffler dans notre sens. Que ferons-nous
ici plus longtemps? Dans deux jours le paquebot-
poste d'Aden à Zanzibar doit passer à Lamu; laissons là le boutre et mettons à profit la civilisation
à vapeur.

L'affaire, mise en délibération, est décidée à
l'unanimité. Nous rentrerons sur l'*Oriental* et lais-
serons là, avec l'équipage et le cuisinier, notre vieux
Salama, qui attendra la mousson favorable et re-
viendra quand il pourra.

Nous voici donc maintenant à bord de l'*Orien-tal*, longeant de nouveau la côte, mais en sens contraire.

En résumé, la conclusion qui se dégage est celle-ci :

La côte, jusqu'à une profondeur de dix milles anglais, reste présentement au sultan de Zanzibar. A l'abri de son pavillon rouge, le missionnaire se trouverait en sûreté; mais son action y serait grandement paralysée par l'islamisme, dont cette zone est plus ou moins imprégnée.

Au delà de cette région s'étend le pays sauvage que l'Allemagne et l'Angleterre se sont partagé. Mais ni l'Angleterre, qui a tant de colonies, ni l'Allemagne, qui est si désireuse d'en avoir de bonnes, ne semblent devoir exercer de sitôt une action sérieuse en ces contrées immenses : il y faudrait, pour de trop faibles résultats, disperser trop de forces et jeter trop d'argent. Ne nous laissons point trop éblouir par les cartes, plus riches en couleurs qu'en exactitude, qui font de l'Afrique comme une province européenne. En réalité, ces pays restent plus indépendants que jamais. Derniè-rement encore, le sultan y avait une autorité assez efficace pour qu'une lettre de sa main épargnât géné-ralement au voyageur le désagrément d'être pillé ou massacré. Mais aujourd'hui, qui le protégera? Le sultan ne peut plus, et l'Europe ne veut pas encore.

A la garde de Dieu! Le missionnaire en prendra son parti.

Mais où aller?

Parmi les villes de la côte que nous venons de visiter, il y en a cinq au moins, en dehors de Bagamoyo, dignes d'attirer l'attention au point de vue spécial qui nous occupe et en raison des pays sur lesquels elles donnent accès. Ce sont Pangani, Tanga, Mombaz, Mélinde et Lamu.

Pangani mène au Kilima-Ndjaro et aux régions que domine ce massif énorme, régions peuplées, fertiles, salubres et généralement paisibles. De ce côté-là, une nouvelle exploration s'impose. Mgr de Courmont est décidé à y fonder prochainement une mission.

Tanga n'a pas actuellement la même importance, à cause de son isolement.

Mombaz commande le pays dévolu à l'Angleterre et peut, si certains projets en vue se réalisent, devenir un très utile point de départ pour l'évangélisation de l'intérieur, jusqu'au pays des Massaïs, jusqu'au Kavirondo, jusqu'au Nyanza.

Il est regrettable que Mélinde ne soit relié par

aucun service régulier ni à l'Europe, ni à l'Inde, ni à Zanzibar. Mais, même en dehors de cet avantage qui viendra, il faut l'espérer, cette ville est dès à présent le point désigné pour pénétrer dans la vallée du Tana, où les missionnaires peuvent trouver un champ d'apostolat illimité, près de tribus sauvages, peut-être inhospitalières, mais, sur la rive droite du moins, absolument étrangères à l'élément musulman.

Lamu a l'avantage d'être moins isolé du reste du monde, celui encore d'avoir par mer des relations plus fréquentes avec le Tana. Mais quel séjour!

Quant au pays çomali, les efforts qui s'y consumeraient seraient pour le moment en pure perte.

Il y a donc par là à établir un nouveau centre des missions, pénibles, dangereuses, et où les privations de toutes sortes se feront sentir à chaque pas. Mais le missionnaire catholique, en aucune partie du monde, n'a l'habitude de se dérober à la peine; ce n'est pas pour vivre en paix qu'il est parti. Pour remplacer ceux qui tomberont, il se trouvera encore, du reste, au pays de France des élus qui entendront l'appel de l'Ange d'Afrique : *Transiens, adjuva nos!* Et sans se laisser arrêter par les difficultés présentes et à venir, pendant que d'autres verseront l'obole qui les fera vivre et la prière qui les soutiendra, eux viendront avec joie, comme tant de leurs aînés, « travailler sans relâche, souffrir sans consolation et mourir sans gloire. » Dieu s'est chargé du reste.

FIN

TABLE

UN COIN DE L'ARABIE HEUREUSE

I

LE LONG DES COTES

I

II

III

IV

V

24387. — Tours, impr. Mame.